「反緊縮！」宣言

松尾 匡 編

池田香代子
井上智洋
梶谷 懐
岸 政彦
西郷南海子
朴 勝俊
宮崎哲弥
森永卓郎
ヤニス・バルファキス
プログレッシブ・インターナショナル

THE ANTI-AUSTERITY MANIFESTO

TADASU MATSUO
KAYOKO IKEDA
TOMOHIRO INOUE
KAI KAJITANI
MASAHIKO KISHI
MINAKO SAIGO
PARK SEUNG-JOON
TETSUYA MIYAZAKI
TAKURO MORINAGA
YANIS VAROUFAKIS
PROGRESSIVE INTERNATIONAL

亜紀書房

「反緊縮！」宣言

まえがき

松尾匡

この本は、「反緊縮」という言葉を日本で少しでも多くの人びとに知ってもらうために書かれています。

本書を手に取る皆さんには、「反緊縮」という言葉はまだあまりなじみがないかもしれません。でも、この言葉は、実は最近の世界の政治動向を知るうえで、欠かすことのできないものです。たとえば、昨年（二〇一八年）末から世界を騒がせているフランスの「黄色いベスト」運動とか、スペインの「ポデモス」とかいえば、皆さんの中にも「聞いたことがある」という人がいるのではないかと思います。これらの運動は、欧州では「反緊縮」運動と呼ばれています。また、二〇一七年の英国総選挙でのジェレミー・コービン率いる労働党の躍進も、二〇一八年の米国中間選挙での、アレクサンドリア・オカシオ＝コルテスら、サンダース派の躍進も、海外では「反緊縮」の経済政策を掲げた結果だと報じられています。

しかし、そもそもここでいう「反緊縮」とは何なのでしょうか？　また、この「反緊縮」の主張の一体何が、それほど強く人びとを惹きつけているのでしょうか？　この本の中でそのことを詳しくご説明していきますが、簡単にいえば「反緊縮」というのは、庶民の生活に直結する分野にたくさんのお金をつぎこんで、社会保障や医療や教育などを充実させて、人びとの暮らしを豊かにしていこうという主張です。それに対して「緊縮」というのは、社会保障や医療や教育などにかかる費用をどんどん削って、人びとの暮らしを貧しくしていってしまうような政策態度のことです。

これまで世界中で進められてきた新自由主義政策・緊縮政策によって、どの国でも福祉や教育や医療が削減され、そのことにもよる経済停滞で、たくさんの人たちが失業や低賃金などに苦しんできました。そうした状況の中、「政府は人びとのためにもっとお金を使え！」と訴える「反緊縮」の主張が、多くの怒れる民衆に支持されているのです。

福祉や教育や医療が削減され、長引くデフレによる失業や低賃金に苦しんできたのは日本も同じです。それは遠い海外の話ではありません。それどころか、私はこの「反緊縮」の主張は、いまの日本にこそ切実に必要とされるものだと考えています。だから、こうした海外の「反緊縮」運動の現状と、この経済政策がなぜいまこの日本で必要とされるのかという理由を――それはどんな問題意識に基づいていて、背景にある経済理論はどんなものなのか、といったことをもっと知ってもらいたい、と常々考えてきました。

そこで私は、各方面で反緊縮の訴えをされている著名人、専門家のかたがたにご協力いただいて、「反緊縮」という考え方の「入門書」になるようなものを書いてもらうことにしました。特にその中でも繰り返し論じられているのは、福祉や教育や医療の削減が必要な理由とされている「財政危機論」は誇張であって、消費税増税のような大衆増税は不要で、不況をもたらす分むしろ有害ということです。つまり、政府が人びとのためにお金を使おうとしない理由に、実は合理的な根拠はないのだということです。この本では多くのかたがたが、様々な角度からそのことを繰り返し論じています。

まず最初に私から、「反緊縮って何だ⁉」と題して、欧米の「反緊縮運動」を紹介します。そして、反緊縮運動の特徴とその経済政策について簡単にご説明し、ひるがえってそこから日本の現状を見た時の課題は何か、ということを考えています。

次の「おすそ分けのすすめ」では、ドイツ文学者で翻訳家の池田香代子さんが、緊縮政策とそれがもたらす不況・格差の理不尽さと、それに対抗する反緊縮的再分配政策の必要性を、とても読みやすくやさしい筆致で説いておられます。

森永卓郎さん（獨協大学経済学部教授）の章「なぜ消費税を社会保障財源にしてはいけないのか」では、財政破綻論がまったく嘘であることと、消費税システムの大変な不公平性、そして消費税を五パーセントに下げてもまったく問題がないことを、痛快明瞭に説いています。

続く岸政彦さん（立命館大学大学院先端総合学術研究科教授）のエッセイ「他者を殴る棒」は、国にお金がないという強固な信念が、弱者や公務員等をバッシングする「緊縮文化」を生み出している様子を、詩情を感じる文章で描き出しています。このさもしい世相の背後で、国のエリートに一方的に都合のいい状況が作られていることに気づかされます。

「安保関連法案に反対するママの会」を立ち上げた西郷南海子さんには、これまでの運動に取り組まれた問題意識を語る中から、「反緊縮」へと行き着いたご自身の運動上の経緯を説明する文章「わたしにとっての反緊縮　生活から政治を語る」をご寄稿いただきました。いつも最前線でいろいろな人とつながって、運動に取り組んでこられた人ならではの説得力を感じます。

「ヘリコプターマネー」や人工知能についての著作で有名な若手経済学者のホープ、井上智洋さん（駒澤大学経済学部准教授）からは、「政府の借金なくしてデフレ脱却なし」と題する論考をいただきました。なぜ政府の借金には問題はなく、むしろいまは借金をしなければならない時なのか、なぜ現行の「量的緩和」は効かないのか、それを解決するヘリコプターマネーとはどんな政策なのかということを丁寧に説明してくださっています。

朴勝俊さん（関西学院大学総合政策学部教授）の「反緊縮経済学の基礎」は、「反緊縮」の経済政策を理解するために必要な最低限の経済学理論について解説するものです。ここで説かれているのは、ケインズ理論を緩くでも認める、あらゆるまっとうな経済学の学派が共通に基礎づいている学術的な常識ですが、なぜか経済論壇ではこんなこともふまえない議論がまかり通っているので、読んでおくことは有益です。必要な厳密さを失わずに読みやすくする極限を狙って書かれています。

評論家の宮崎哲弥さんからは、『週刊文春』のコラムに執筆された文章をまとめた、「リベラル再装塡のために」という檄文をいただきました。長期不況のもたらした問題を鋭く指摘し、このような状況を改善することの足をひっぱってばかりのマスメディアや政治家たちを痛快に弾劾しています。

中国経済の専門家の梶谷懐さん（神戸大学大学院経済学研究科教授）の章は、ちょっと変わった角度からの論考になります。なぜ欧米に見られるような左派の反緊縮運動が（日本を含む）アジアにあまり見られないのかを、中国をモデルケースに考察しているのです。そこに見られるのは、個人の尊厳や人権の普遍性を信じるリベラルな人たちが経済的には緊縮的で大衆の支持を得られず、庶民の生活に心を配る経済的な「反緊縮」志向はむしろ権威主義と結びついてしまい、それによって大衆の支持を得るという「ねじれ」た状況です。こうした「ねじれ」は日本にも決して無縁のものではありません。

そして本書では、海外文献の翻訳を二つ掲載しています。

ひとつは、ヤニス・バルファキスさんの「ヨーロッパを救うひとつのニューディール」という論考です。この著者は、反緊縮を掲げて総選挙で勝利したギリシャの急進左翼党政権で財務大臣を務めた人です。ギリシャに緊縮政策を押し付けるドイツ政府らと債務削減交渉を担いましたが、首相が屈服したために辞任しました。その後、「ヨーロッパに民主主義を」運動2025（DiEM25）という運動体を立ち上げて、EUの民主化を目指す闘いをしています。ここで紹介するのは、そのDiEM25で掲げている「ヨーロッパ・ニューディール」という反緊縮的な経済政策についての解説文です。欧州反緊縮派の経済政策志向の特徴がよくわかる資料となっていると思います。

バルファキスの本は、従来日本ではあまり知られていませんでしたが、今年（二〇一九年）に入って、ダイヤモンド社から『父が娘に語る 美しく、深く、壮大で、とんでもなくわかりやすい経済の話。』が、明石書房から『黒い匣：密室の権力者たちが狂わせる世界の運命　元財相バルファキスが語る「ギリシャの春」鎮圧の深層』が出版されて、近々また別の一書（*And the Weak Suffer What They Must?*）の翻訳が出版される予定と聞いていて、一気に時の人となる感があります。

もうひとつは、そのバルファキスがバーニー・サンダースといっしょに、昨年（二〇一八年）末立ち上げた国際組織「プログレッシブ・インターナショナル」の宣言文、「世界中の革新派勢力《プログレッシブフォース》への呼びかけ」です。本書の最後を飾るにふさわしい、簡潔で力強い声明になっていると思います。

本書の執筆者のかたがたの多くには、私が発起人となった日本で反緊縮の経済政策を広めるための運動「薔薇マークキャンペーン」で「呼びかけ人」も務めていただくなどのご協力もいただきました。そのうえ本書の執筆を快諾いただき、感謝に堪えません。そのほか同キャンペーンの関係者はじめ、多くの人たちのおかげでこの本ができました。亜紀書房の小原央明さんには、この本の前にお世話になった『そろそろ左派は〈経済〉を語ろう』から変わらぬ力技で、二月に企画が出てからわずか二ヶ月あまりで出版が実現することになり、改めて舌を巻いています。ありがとうございました。

松尾匡

反緊縮って何だ⁉

松尾 匡

まつお・ただす

1964年石川県生まれ。立命館大学経済学部教授。専門は理論経済学。著書に『商人道ノスヽメ』（藤原書店）『不況は人災です!』（筑摩書房）『この経済政策が民主主義を救う』（大月書店）など、共著に『そろそろ左派は〈経済〉を語ろう』（亜紀書房）『これからのマルクス経済学入門』（筑摩書房）『マルクスの使いみち』（太田出版）などがある。

そもそも「緊縮」とは何なのか？

本稿は「反緊縮」とは何かを説明することがテーマです。しかしこれは読んで字のごとく「緊縮」に「反対」するという意味ですので、そもそも「緊縮」とは何かということがはっきりしていないとはじまりません。一九八〇年代のレーガン・サッチャー改革以降、世界中でずっと新自由主義政策が推し進められてきました。その結果、貧困や格差が広がり、経済停滞が続いて失業も増え、社会保障も削減されて、まじめに暮らしてきただけの多くの人びとの暮らしが世界中で苦しくなってしまいました。こうした状態に憤る世界の人たちは、こんなことになったのは「緊縮政策のせいだ」と言って、新自由主義政策を批判しています。では、いったい新自由主義の何を指して「緊縮」だと言っているのでしょうか。

たとえば、手元にある『広辞苑』で「緊縮」という言葉を引いてみると、次のような定義が載っています。

きんしゅく【緊縮】
①ひきしめること、きびしくしめちぢめること。

②財政の基礎を固めるため、できるだけ支出をきりつめること。「—政策」
↓きんしゅく - ざいせい　【緊縮財政】

（『広辞苑』第六版、岩波書店、二〇〇八年）

日本語としての「緊縮」という言葉は、もともとは一つ目の意味で使われてきました。ネット辞書のコトバンクを見てみると、用例として夏目漱石の有名な小説「門」でも、部屋から外に出た主人公が外気にあたった、というくだりでこんなふうに出てくるようです。

今まで陰気な室《へや》にいた所為《せい》か、通《とおり》へ来ると急にからりと気が晴れた。肌の筋肉が寒い風に抵抗して、一時に緊縮するような冬の心持の鋭どく出るうちに、ある快感を覚えた（……）

（夏目漱石「門」『夏目漱石全集』第六巻、ちくま文庫、一九八八年）

これは、ずっと部屋の中にいたのでどうも息苦しい、外に出たら冷たい風にあたって、気持ちがひきしまった、という意味です。この場合、「緊縮」という言葉は、良くも悪くも何かを「ひきしめる」というときに使います。でも、現在ではこういう使い方をする人はそれほど多くないのではないかと思います。むしろ、いまの日本で普通に「緊縮」といった場合は、二つ目の意味で使うことの方が多いのではないでしょうか。

皆さんは、あまりはっきりとした意味はわからなくても、「緊縮財政」とか「緊縮政策」という言葉を、どこかで聞いたことがあると思います。先の『広辞苑』の定義に沿えば、これは「財政の基礎を固めるため、できるだけ支出をきりつめること」という意味になりますから、要は政府が「お財布の口をひきしめる」という状況を言い表しているわけです。この場合には、「緊縮」という言葉は、英語で言う「Austerity」という言葉の翻訳語として使われています。

そこで、この「Austerity」という言葉の辞書的な定義も見てみましょう。イギリス在住の保育士、ライターのブレイディみかこさんによれば、ケンブリッジ英英辞典のサイトで「Austerity」は以下のように説明されています。※1

1　金銭や品物、活動、経験などを制限された中で、不必要な物や快適さがない生活を送っている状態

2　政府が財政支出を制限しているために生じた経済的な困難

3　外見や様式がAUSTEREな状態であること

ここで言われている「不必要な物や快適さがない」というのは、裏を返せば「必要最低限の物しかなくて、快適ではない」状態だということです（ちなみに、この三番目のところにある「AUSTERE」という言葉は「質素な」とか「地味な」とか「厳しく、敵意のある態度」などを意味します）。

ここまでくると、皆さんの毎日の生活の中でも思い当たるところがありませんか？　よく言われるように、日本ではこれまで「失われた二〇年」と呼ばれる厳しいデフレ状況が長い間続いてきました。そういう経済状況の中で、わたしたちはぜいたく品や欲しいものを買うのをできるだけ我慢して、日々の生活を「必要最低限の物」に切り詰めることにいそしんできました。

でもそれは、なにも家計の中だけで生じていることではありません。たとえば、会社に行けば「コストカット」や「サービス残業」の話がいまだに頻繁に出てきますし、労働者の人たちは「不必要」な人間はいつでもリストラしてやるぞ、という脅しにおびえて過ごしています。つまり、わたしたちの社会は、全般的に「金銭や品物、活動、経験などを制限された中で、不必要な物や快適さがない生活を送っている状態」にあります。

そして、そういう社会状況を作り出している原因が緊縮財政なのです。つまり、その根っこには「政府が財政支出を制限しているために生じた経済的な困難」があるのです。この論考の中でその意味を詳しくご説明していきたいと思いますが、ひとことで言えば、「緊縮」の一番の問題というのは、政府が財政支出をしぶっているために、失業が発生し勤労所得は抑えられて格差がどんどん広がり、わたしたちの生活が苦しくなってもそういう状態が放置されてしまう、ということです。

それは福祉や介護、教育のためのお金を政府がどんどん削減している、という社会保障的な意味だけではなく、不景気になっても政府が積極的な景気・失業対策をしないので、わたしたちの生活状況がなかなか改善しない、ということも意味しています。

政府はもっと自分たちのためにお金を使ってほしい……。そう思ってもすぐに「財政赤字が大変で、政府にもそんな余裕はない」と返されてしまいます。

「緊縮」によって失墜したリベラル／左派

こうした状況を指して、わたしたちは「緊縮」と呼んでいるわけですが、それは日本だけで起こっていることではありません。欧米でも長い間政府が緊縮政策をとってきたために、失業や格差が広がり、庶民はずっと苦しめられてきました。

レーガンやサッチャーなど新自由主義的な「改革」を旗印にして、大胆に福祉を切り捨てる緊縮策をとった中道右派が酷かったのはもちろんのこと、一九八〇年代以降、世界各国で進められてきた新自由主義と緊縮政策は、いつのまにか本来それを批判してきたはずの社会民主主義やリベラル、中道左派までも取り込んでしまいました。それがイギリス労働党のブレア首相やアメリカ民主党のクリントン大統領、あるいはドイツの社会民主党のシュレーダー首相などの路線です。日本でも旧民主党が政権を担当したときに似たような路線をとりました。

彼らは財政赤字を気にして、かつての社会民主主義のように国民の生活に直結する福祉や公共事業などの分野にたくさんお金を使うのではなくて、どちらかと言うと親企業的な政策を推し進めていくようになりました。手厚い福祉や失業対策の代わりに、たとえばワークシェアリングみたいな路線をとっていった結果、分配はより薄いものになり、人びとの生活は痩せ細っていきました。そして、こうした状況が固定化するうちにどんどん格差が拡大していき、どこの国でも一握りの大企業や大金持ちだけが潤って、それ以外の大多数の人びとが貧困に陥っていくことになりました。

やがて、中道左派やリベラルへの失望と批判が世界中で広がっていきます。特にヨーロッパはEU統合で各国が単一の市場に入ってしまうので、「国際競争力をつけなければならない」というプレッシャーがかかり、通貨統合の条件として、「財政赤字をＧＤＰの三パーセント以内に抑えなければいけない」という「安定・成長協定（the Stability and Growth Pact）」のような厳しいルールが設けられました。こうした枠組みの中で、ＥＵ各国では、中道右派も中道左派も総じて緊縮政策をとらざるを得ないという状況下に置かれてしまいました。

こうして、一部のブリュッセル・エリート（ブリュッセルにＥＵ本部がある）が決めたことに逆らえずに、各国が緊縮政策を推し進めた結果として、ヨーロッパ中にその犠牲者があふれかえることになりました。ヨーロッパの統合市場ができることによって、本当はそれでみんな豊かになるはずでした。しかし、現実には国境を股にかけて活躍できる巨大企業が莫大な利益を得ているだけです。政府の財政支出は最低限に切り詰められ、あとはグローバル市場での自由競争に任せられたのです。これによって、崩壊の危機に瀕することになった中産階級の下層の人びとの不満は、蓄積する一方でした。

彼ら／彼女らにとって、もはや「敵」は新自由主義だけではありません。中道左派のリベラルや社民主義勢力のエリートも信用できない――こういう不満と不信はどんどん大きなものになっていきました。そういう流れの中で、たとえばルペンのように「移民がフランス国民の職を奪っている」と主張する極右の台頭が始まります。アメリカのトランプ大統領、イギリスのブレグジット（Brexit, EU離脱）、そして日本の安倍政権もその流れの一環です。いまや排外主義やナショナリズムが世界中に広がっています。そして、こうした状況を作り上げてしまったのが、中道左派までも巻き込んで展開された緊縮政策でした。

反撃する「反緊縮運動」

しかし、近年、欧米の左派からは、そうした緊縮政策に対抗するために、「反緊縮（Anti-Austerity）」の経済政策を掲げて民衆の強い支持を得ている、新たな潮流が湧き起こっています。それを「反緊縮運動」と言います。

反緊縮運動と言えば、まず筆頭に挙げられるのはイギリス労働党を率いる党首ジェレミー・コービンです。

彼が政治の表舞台に出てきた背景には、それまでの左派／リベラル政党に対する、人びとの根強い不満がありました。労働党はもともと左派の政党であるにもかかわらず、指導部はEU当局や大企業といったお金持ちばかりに目を向けるようになって、失業対策を怠ったり、社会保障の分野を縮小して民営化したりするような緊縮政策をとり続けていました。コービンは、もともと頑迷固陋《がんめいころう》な旧左翼の生き残りの泡沫候補で、一般有権者には受け入れられないだろうと見られていました。しかし、彼はこうした緊縮策に大胆に「NO」を突き付けることで大衆の支持を集め、二〇一五年に労働党の党首に就任したのです。

コービンは二〇一五年の党首選のときには、「人民の量的緩和（People's Quantitative Easing）」という政策を掲げて人気を博しました。「人民の量的緩和」とは、「イングランド銀行（日本でいう日銀のような中央銀行）が量的緩和で作ったお金で、労働者向けの住宅をはじめ、福祉や教育へ積極的な財政支出をします、雇用を生み出します」という政策です。彼はこういう約束をして労働党の党首選で圧勝しました。特に物心ついたときから不況と新自由主義政策に苦しめられてきた若い世代に人気を博し、コービン率いる新しい労働党は、二〇一七年の国政選挙でも与党の保守党を過半数割れに追い込む大躍進を果たしました。いまや支持率はメイ首相の保守党を超えたということで話題になっています。

ジェレミー・コービン／Photo by Sophie Brown（CC BY-SA4.0）

また、二〇一六年のアメリカ大統領選挙の民主党候補選びでは、自称「社会主義者」の最左翼候補のバーニー・サンダースがヒラリー・クリントンにいま一歩のところまで迫りました。このときサンダースは、選挙キャンペーンで、五年間にわたる一兆ドル（約一一〇兆円）の公共投資によって、老朽化した道路、橋、鉄道、空港、公共交通システム、港湾、ダム、下水道などのインフラ整備を行い、一三〇〇万人の雇用を作り出すという公約を掲げていました。また、若者に職を創出するためのプログラムに五五億ドル（六一〇〇億円）を投資し、一〇〇万人の若者に雇用を生み出す、とも訴えていました。

結局、サンダースは予備選でクリントンに負けてしまい、トランプ政権が誕生してしまいましたが、二〇一八年のアメリカの中間選挙では、サンダース派の「民主社会主義者」二九歳の女性アレクサンドリア・オカシオ＝コルテスが史上最年少で議員となり、話題を呼びました。

サンダースは、二〇二〇年の民主党の大統領予備選にも出馬予定ですが、二〇一八年末に、ギリシャの急進左翼党政権で当初財務大臣だったヤニス・バルファキスと組んで反緊縮の国際組織「プログレッシブ・インターナショナル」を立ち上げています。バルファキスはDiEM25（Democracy in Europe Movement 2025,「ヨーロッパに民主主義を」運動2025）というEUを民主化する運動も立ち上げていて、そこには、メンバーに、言語学者のノーム・チョムスキー、経済学者のジェームズ・ガルブレイス、社会運動家のスーザン・ジョージ、哲学者のトニ・ネグリ、映画監督のケン・ローチなどの左翼の大物が名を連ねています。

このDiEM25で提起されている経済政策が、本書二五九頁にも翻訳が掲載されている「ヨーロッパ・ニューディール」です。それは「大規模なグリーン投資」「雇用保証システム」「反貧困基金」「普遍的な基礎配当」「家屋立ち退きに対抗する保護政策」の五項目からなっていて、その財源は、中央銀行が投資事業債を買い取る量的緩和によってファイナンスするとされています。他にも、ヨーロッパでは、スペインの左翼政党ポデモスを率いるパブロ・イグレシアス、フランスのジャン=リュック・メランションなど、「反緊縮」の提唱者が続々と台頭しています。

バーニー・サンダース／Photo by Gage Skidmore, flickr (CC BY-SA2.0)

緊縮政策のしわ寄せを一番食ってきたのはやはり一般庶民と労働者です。緊縮政策は財政赤字を理由に社会保障などを切り詰める一方で、「国際競争力」などの言葉を旗印に、富裕層への課税率や大企業の法人税率、資本収益などへの減税を行っているからです。
こうやって冷や飯を食わされ続けてきた人びとの間に長いこと不満が溜まってきて、

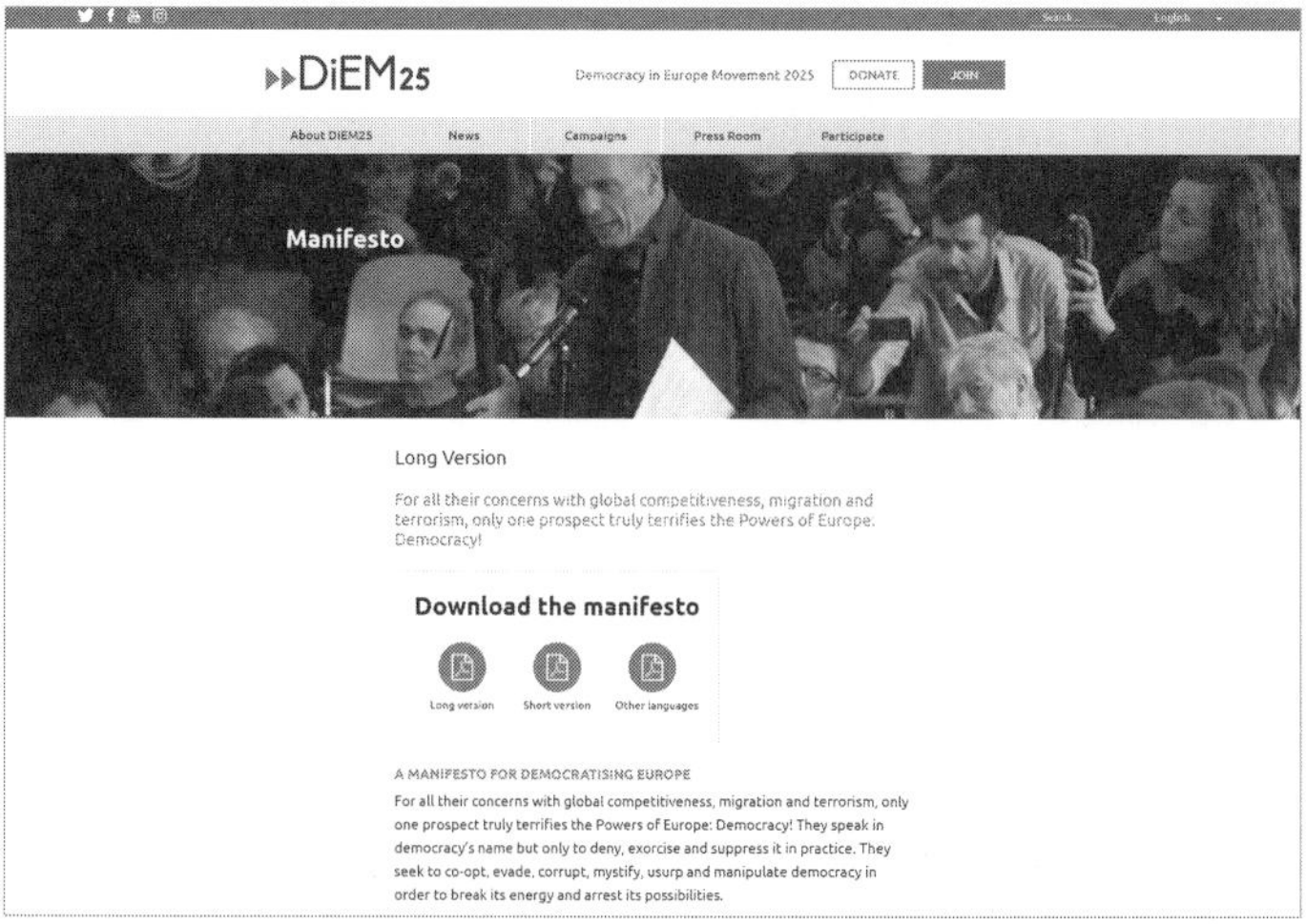

DiEM25の公式HP。中央の人物がヤニス・バルファキス

リーマンショック後の景気対策への反動の緊縮政策に、ついに民衆の堪忍袋の緒が切れた二〇一二年には、ポルトガル、イタリアとベルギー、そしてギリシャで同時に大規模なゼネラルストライキが行われ、ヨーロッパ各地の労働者を含めた数百万人が参加しました。また、イギリスやフランス、ドイツ、スペイン、マルタやキプロスなどでもストライキやデモが繰り返し起こっています。

歴史的な流れで見れば、一九九九年のシアトルで起きた反世界銀行会議から二〇一一年のニューヨークでのオキュパイ・ウォール・ストリート、そして二〇一八年のフランスの「黄色いベスト（Mouvement des Gilets jaunes）」まで、反緊縮のムーヴメントは連綿と続いてきました。いまや「反緊縮」を求める人びとの声は押し留めることができないところまできているのです。

「反緊縮」の四つの特徴

さて、それでは、彼ら／彼女らの主張する「反緊縮」とは具体的にどんなものなのでしょうか？　ここで、その一般的な特徴をまとめてみましょう。

まず、彼ら／彼女らが対峙してきた緊縮財政のもとでは、社会保障や教育など民衆のための支出が一番削減されるので、その反対概念である「反緊縮」には、**（1）社会保障や教育など民衆のための支出を増やそう**、という意味が含まれています。

それから、不況下で緊縮政策がとられ続けた結果、より景気が悪くなって失業者がたくさん出てしまっているので、その反対概念の「反緊縮」には、**（2）景気を拡大して雇用を増やそう**という意味も含まれています。

先ほどのDiEM25のヤニス・バルファキスの「反緊縮」の経済政策が「ヨーロッパ・ニューディール」と名付けられていたことを思い出してください。ニューディール政策とも通じる経済論を展開したジョン・メイナード・ケインズは、一九二九年の世界大恐慌

（とそれに起因する深刻なデフレ不況）に対する処方箋として、当時「不況で税収が減るから財政支出を抑えよう」という学説が主流だった経済学に対して、「不況下こそ政府は財政支出をして雇用を生み出し、人びとの需要を喚起することが必要だ」と述べました。

ケインズの考えでは、慢性的なデフレ不況の原因は「総需要不足」（人びとが経済不安に駆られてなかなかモノを買わない状況が恒常的に続く状態）にありました。これに対してケインズは、政府が積極的な財政支出をして雇用を押し上げていけば、人びとの生活に余裕ができるので消費や民間投資が増え、やがて社会は総需要不足の状態を解消して、不況から脱却するだろうと考えました。

現在の「反緊縮」論者の多くはこのケインズの考えを引き継いでいます。深刻なデフレ不況下で財政赤字の削減を目指すと、不況がより長引き、事態はむしろ悪化します。それよりも、まずデフレから脱して経済を健全な状況に導いていくことが最優先事項となります。財政赤字の問題にしても、こうして不況から脱却し、経済が健全な方向に成長していくことによって、自然と税収が増える（経済学ではこれを「自然増収」と言います）ので、その方が、財政状況は（財政出動をしない場合に比べて）将来的にはよりよくなる、と考えるのです。

「反緊縮」では、こうした「景気拡大のための財政出動」を（1）のような社会保障や教育などの分野への支出増に結びつける、という考え方をとっています（反緊縮の経済政策理論の専門的な説明については、本書一四九頁所収の朴勝俊さんの論考をご覧ください）。

また、緊縮政策がとられるのは「財政赤字を減らす」ということに加えて「インフレにならないため」というのが大義名分になっています。たとえば、先ほど触れたコービンの「人民の量的緩和」というのは、金融緩和で作ったお金を元に財政出動をするという政策ですが、緊縮論者の人びとはこうやってお金をジャブジャブと増やすと（悪性の）インフレになりやすいと主張します。

実際には、デフレが十分に解消されず、完全雇用（働きたい人が皆きちんと職に就くことができている状態）が達成されない間は、こうした政策をとっても悪性のインフレにはなりません。そして、景気回復後にインフレを抑える手段もたくさんあります。にもかかわらず、緊縮派の人たちは口をそろえて「（悪性の）インフレがやってくる」と言うのはなぜかといえば、デフレはお金持ちにとっては自分の持っている資産の価値を高めることになるので、多少景気が悪くてもそれほど困らないからです。

こうして、サッチャー政権を典型例として、しばしば緊縮政策には金融引き締め（中央銀行がお金を出さないこと）が併用されることになります。ここで「緊縮」のもともとの意味が「ひきしめる」ことだというのを思い起こしてみるのもよいでしょう。これとは逆に、

「緊縮／反緊縮」の4つの政策的立場

立場	(1) 社会保障などへの支出	(2) 景気対策の財政出動	(3) 金融緩和	(4) お金持ち課税
緊縮	消極的	消極的	消極的	消極的
反緊縮	積極的	積極的	積極的	積極的

出典：筆者作成

「反緊縮」には**（3）金融緩和（中央銀行がお金をたくさん出すことを利用すること）**、という意味が含まれています。

日本に関して言えば、日銀は、九〇年代からはじまった「失われた二〇年」の間、深刻なデフレ不況がなかなか解消されないにもかかわらず、インフレになるのを警戒して大胆な金融政策には長いこと及び腰の姿勢でした。現在では日銀の政策は以前よりもずいぶん変わってきましたが、「失われた二〇年」を長引かせた大きな原因の一つである日銀がとってきた金融政策も、この金融緩和の遅れや不十分さです。

さらに、緊縮財政下では財政赤字を理由にして社会保障などが削減されていく一方で、資本収益への課税率や富裕層への累進課税率、大企業などへの法人課税率はどんどん引き下げられていく傾向にあります。日本でも一九九〇年代には法人税の実効税率は約五割でした。それが、九〇年代末と民主党政権期の二〇〇〇年代に引き下げられ、さらに安倍政権になってからは、「世界で一番企業が活躍しやすい国」というスローガンのもと、特に熱心に引き下げが続き、二〇一六年にはついに三割を切りました。それとは対照的に、経団連は二〇二五年までに、消費税を一九パーセントにまで上げるよう提言すらしています。

このように、お金持ちや大企業への課税率が大幅に引き下げられているにもかかわらず、「社会保障の財源確保」を錦の御旗のようにして消費増税などの大衆増税が推し進められようとしています（この消費税の問題ついての詳細は、七九頁の森永卓郎さんの論考をご覧ください）。これに対して、「反緊縮」では**（4）お金持ちへの課税の強化を主張し、逆に大衆増税に反対する**、という傾向にあります。

そして、これらの特徴をまとめたのが、右の表になります。

欧米反緊縮左派の経済政策の紹介

ここからは、いままでご紹介してきた反緊縮の経済政策の特徴を、いささか駆け足ではありますが、もう少し具体的に見ていくことにしましょう。

すでにお話ししたように、イギリスの労働党党首ジェレミー・コービンの提示する政策には、公共サービスと経済成長のための大胆な投資が掲げられていました。労働党が躍進した二〇一七年の選挙戦のマニフェスト『少数者ではなく多数者のために（For the Many,

Not the Few)』の付属資料[※2]を見ると、大学無償化等、社会保障などの経常的な社会サービスへの支出増計四八六億ポンド（約七兆円）の財源には、（保険料や付加価値税の引き上げ、あるいは一般庶民の所得税を財源とするのではなく）大企業や富裕層に負担をかける同額の増税でまかなうとされています。他方で、新幹線や住宅建設など、国家変革基金を通じたインフラ投資、一〇年間で二五〇〇億ポンド（約三六兆円）は、イングランド銀行が量的緩和をしている環境下で低利で借りてまかなうことになっています。ここには、先に挙げた反緊縮の四つの特徴のすべてが現れています。

コービンと同様に、アメリカのバーニー・サンダースも大規模な公共投資を主張しています。二〇一六年の選挙キャンペーンでは、五年間にわたる一兆ドル（約一一〇兆円）の公共投資によって、老朽化した道路、橋、鉄道、空港、公共交通システム、港湾、ダム、下水道などのインフラ整備を行い、それによって一三〇〇万人の雇用を作り出すという公約を掲げていました。また、若者に職を創出するためのプログラムに五五億ドル（約六一〇〇億円）を投資し、一〇〇万人の若者に雇用を生み出す、とも述べています[※3]。

サンダースもまた、反緊縮の三つ目の特徴である「金融緩和を利用すること」を共有しています。たとえば、二〇一五年一二月二三日の『ニューヨーク・タイムズ』への寄稿の中で、連邦準備制度（フェッド、アメリカの中央銀行にあたる）の理事会が金融街の傀儡《かいらい》になっていることを批判した上で、次のように書いています。

最近のフェッドによる利上げ決定は、この経済システムがよこしまに操られた最新の例である。巨大銀行家やその議会でのサポーターは、この何年も我々に対して、手のつけられないインフレがいまにもやってくるぞと言いつのってきた。だが、いつだってそうなったためしはなかった。いま利上げすることは、もっと労働者を雇うためにお金を借りなければならない零細企業主にとって災難である。そしてもっと多くの仕事と、もっと高い賃金を必要としているアメリカ人たちにとって災難である。概して、フェッドは失業率が四パーセントを切るまでは利上げをすべきではない。※4

つまり、ここでサンダースは、「フェッドは金融街の利害のために金融緩和を打ち止めにするのであり、零細事業者や労働者にとっては金融緩和の継続が必要だ」と主張しているのです。さらに、この同じ記事でサンダースは、民間の銀行がフェッドのもとに預けている預金（準備預金）にフェッドがプラスの利子をつけていることを、「正気の沙汰でない」と非難し、逆に銀行から手数料をとるべきであるとも述べています。

いまの日本もそうですが、たとえ金融緩和をしていても、民間銀行が預金を中央銀行の口座にそのまま積み上げてしまって（超過準備）、零細事業者などへの貸し出しに回さないとなれば、景気はなかなかよくなりません。しかも、民間銀行はフェッドからのプラスの利子で儲けている。こうした状況を変えて、世の中にもっときちんとお金が回るようにするために、サンダースは超過準備に手数料をかける、いわゆる「マイナス金利政策」を提唱しているのです（この金融緩和と超過準備の問題については、前述の朴さんの論考と一一七頁の井上智洋さんの論考もご参照ください）。

続いて、ＥＵ諸国の共産党や左翼党の連合である「欧州左翼党（Party of the European Left）」の政策もご紹介しておきましょう。欧州左翼党は、二〇一四年の欧州議会選挙での選挙綱領で、経済を再活性化して失業をなくすために「欧州公共銀行」の創設を提案し、その資金は、資本取引や収益への課税などとともに、欧州中央銀行がまかなうとしています。また、欧州左翼党や社会運動団体や労働組合が二〇一五年一月に採択した「バルセロナ宣言」では、欧州中銀が支える公共投資による大規模な雇用創出計画が謳《うた》われています。[※5]ちなみに、同党が二〇一六年一月に発表した「アクションプラン」でも、欧州中銀が各国や中小企業に資金を貸し、選挙で選ばれた者と労働組合の代表が、欧州中銀の意思決定に関与すべき（つまり、中央銀行の意思決定を民主的な管理のもとにおくべき）だと主張しています。[※6]

ここでも金融緩和で作ったお金を元手に、公共的な支出を強化して、経済を活性化させる、という理念が共有されています。

また、スペインの新興左翼政党ポデモスも、経済政策についての「人民の経済プロジェクト」の中で、欧州中銀による直接の政府財政ファイナンスと、欧州中銀の独立性（金融政策の運営を政府とは独立して中央銀行が判断できること）を改めて欧州議会のもとにおくことを掲げています。さらに、欧州中央銀行の目標に「完全雇用」を含めること、スペイン憲法の財政均衡ルールは廃止することを主張し、こうした政策のもとで、各種社会政策の充実やベーシックインカムを提唱しています。※7

最後にフランスのジャン＝リュック・メランションについてご紹介します。メランションは、二〇一二年の仏大統領選挙で共産党、左翼党その他の左翼諸党派の連合「左翼戦線」の候補として約一一パーセントを得票しました。彼はそのときの選挙戦で、欧州中銀に関する指令や法令を修正し、欧州中銀が「民主的コントロールのもとで、諸国に対して直接に低い利率で――あるいはいっそ無利子で――貸与することを認め、公債を買うことを認める」ようにしなければならないと提案しています。※8

また、二〇一七年の大統領選挙では「屈しないフランス」の候補として約二〇パーセント得票し、第一回投票四位でもう少しで決選投票に残るところでした。その際には、二七三〇億ユーロ（約三四兆円）の歳出拡大をし、うち一〇〇〇億ユーロ（約一二兆五〇〇〇億円）

の公的投資で景気を刺激して三五〇万人の雇用を創出すると公約しています。さらには、選挙期間中『フィガロ』紙で、欧州中銀が諸国の公債を買い取って永久債にしてしまえば、債務は消えてしまって諸国は解放されると述べています。[※9]

反緊縮左派のコンセンサス

このような反緊縮左派のコンセンサスとなっているのは、次のような見解です。

まず、彼ら／彼女らは「財政危機論」を緊縮派のプロパガンダだとみなしています。ここで言う緊縮派の中には、緊縮財政下でも莫大な利益を上げることができるグローバル企業や資本収益率の高い資本家や富裕層、そしてそうした企業や資本家と強い利害関係を持つ政治家たちや新自由主義者などが含まれてきます。

日本の場合、そうした財政危機論をあおり続けている筆頭として、財政均衡に異様にこだわる財務省の高官たちが挙げられるでしょう。しかし、実は日本の政府の借金は、財務省を支配する人たちがあおるほど大変なものではありません。国債の四割以上はいま、日銀が持っています。これは量的緩和によって、日銀が出したお金で民間の債券市場から買い取ったものです（「買いオペ」と言います）。そのうち、将来インフレが高まったときにそれを抑えるために（再び民間に）売りに出す（「売りオペ」と言います）必要がある分を除けば、残りは民間に出ていくことはありません。日銀が持っている国債は、期限がきたら永遠に借り換えしていけば、政府がお金を返すことなく日銀の金庫の中に存在し続けることができます。つまりは、その分は事実上、国の借金が消えてなくなっているのと同じなのです。

たしかにその分の利子を政府は日銀に払わなければなりませんが、日銀は経費を除いて儲かった分は政府に利益を収める決まりになっています。すると結局、日銀職員を公務員扱いして税金で養っているようなものですから、利子がないのと変わりません。「必ずしも返す必要がない」という点で、同じ「借金」といっても、民間の借金と政府の借金は大きく性質が異なるものです。そしてこれは、借り手（政府）と貸し手（日銀）が形式上は独立した組織でありながら、そのおおもとの主体（国）が実は同じであるということ、さらに日銀は誰かからお金を借りなくても自分でお金を作ることができるという特質からきています（より詳しくは、井上さんと朴さんの論考をご参照ください）。

欧米の反緊縮派に話を戻せば、彼ら／彼女らは財政危機論を、それを口実にして財政緊縮を押し付けることで、公的社会サービスを削減して人びとを労働に駆り立てるとともに、民間に新たなビジネスチャンスを作り、公有財産を切り売りして大資本を儲けさせようとする手口にすぎないとみなしています。したがって財政危機論にとらわれず、財政を拡大することを提唱するのが一般的です。

その具体的な中身として、医療保障、教育の無償化、社会保障の充実などの社会サービスの拡充を掲げるのはもちろんのことです。しかし「反緊縮」というのは、そこにとどまらず、財政の拡大で景気を刺激することで、雇用を拡大するところまで含んでいることに注意しなければなりません。日本ではしばしば社会保障と景気刺激策を別次元の問題として分けて考えがちですが、欧米の反緊縮論では、たとえば福祉などの分野に投資をして、景気刺激と雇用の拡大を目指すというように、この二つを結びつけて考えるのです。

彼ら／彼女らは、その財源として一様に、大企業や富裕層の負担になる増税を提唱しています。しかしそれだけではありません。すでに述べたように、欧米の反緊縮の人びとには総じて、中央銀行による貨幣創出を利用する志向が見られ、中央銀行によるいわゆる「財政ファイナンス」はタブー視されてはいません。公的債務の返済を絶対視することは、むしろ新自由主義者の信条とみなされており、公的債務を中央銀行が買い取って帳消しにすることも提唱されています。

これらの政策主張の背景には、不況時の財政赤字を罪悪視せず、中央銀行が貨幣を創出することによって政府支出が行われることを肯定する、近年の欧米の経済学の諸潮流が存在しています。いずれも、これまで緊縮・財政再建論を支えてきた新古典派マクロ経済学と対抗する、多くはケインズ経済学の現代的潮流であると言えるでしょう。ここでその理論をひとつひとつご説明する余裕はありませんが、どのような人びとがいるかを少しだけご紹介します。

一つの潮流は、主流派ケインジアンの流れで、有名なものでは、イギリスのニューケインジアン左派のサイモン・レン＝ルイス、アメリカのニューケインジアン左派のノーベル経済学賞受賞者ポール・クルーグマン、同じくアメリカの左派ケインジアンでノーベル経済学賞受賞者のジョセフ・スティグリッツ、アメリカのニューケインジアンの大御所マイケル・ウッドフォード、スペインのニューケインジアンのジョルディ・ガリなどが影響を与えています（なお、本書に収録した朴勝俊さんの論考も、これらの主流派ケインジアンの流れにあるものです）。

非主流派では、特に、ポスト・ケインズ学派の一派であるハイマン・ミンスキーの流れをくむ「ＭＭＴ理論（Modern Monetary Theory, 現代貨幣理論）」の貢献が大きいと言えるでしょう。ランダル・レイ、ウォーレン・モズラー、ビル・ミッチェル、ジェームズ・K・ガルブレイスらが主な論者です。実は、サンダースにはこのＭＭＴ理論の経済顧問がついています。ＭＭＴ理論の詳しい説明もここでは控えますが、この学派は「（経済学的に見て）財政の収入と支出（プライマリーバランス）を合わせる必要はない」という立場をとっていて、

「財政赤字が大変で、政府には民衆のために財政出動する余裕がない」という緊縮派に対して経済学的に有効な反論を試みています。サンダース派のオカシオ＝コルテスはツイッターで、「MMTの考え方をみんな共有しなければならない」とも発信しています。

その他に、非主流派では信用創造廃止・ヘリコプターマネー論の潮流もあり、こちらもまた大きな影響を与えています（ヘリコプターマネー論については、井上さんの論考に詳しく記載されています）。

安倍政権は緊縮か、反緊縮か？

これまで「緊縮／反緊縮」の概念を主に欧米の事例に沿って見てきました。日本でこうした緊縮政策や新自由主義経済政策が一番強烈に推進されたのは、言うまでもなく小泉政権の時代です。そして、いまだにそのときの政策によってもたらされた社会の歪みは大きく、癒えない傷が残されたままです。その傷の中でも最も深刻なものが「ロスジェネ」問題です。

一九七〇年から一九八二年付近に生まれたロストジェネレーションの中には、かつてない就職難のせいで、いまだに非正規雇用のままで中年を迎えざるを得なかった人たちがたくさんいます。しかし、小泉政権（と第一次安倍政権、麻生政権）の後を継いだ民主党政権がロスジェネを救済できたかと言えば、残念なことにまったくできませんでした。当初の民主党政権は子ども手当や農家給付などの財政出動路線も打ち出していましたが、それらはいつのまにかフェードアウトしてしまい、事業仕分けのような緊縮的なパフォーマンスが前景に出る結果となりました。その上、最後には消費税増税の三党合意までなされてしまった。最終的には、人びとの生活よりも財政均衡が優先されてしまったのです。「無駄な経費はできるだけ削減する」という考え方は、小泉政権から民主党政権までひと続きのものだったと言えるでしょう。

そして二〇一二年末以降、第二次安倍政権が登場します。では、この第二次以降の安倍政権は「緊縮」と「反緊縮」のどちらなのでしょうか？

先ほどの「反緊縮」の四つの特徴に照らしてみてみると、(1)の社会保障などへの支出に関して言えば、容赦なく削減していますから完全に「緊縮」です。(2)の景気対策の財政出動に関しては、いわゆる「アベノミクス」のバラマキ大盤振る舞いのイメージから「反緊縮」的だと感じている人もいるかもしれませんが、実はそうではありません。「アベノミクス」三つの矢のうちの第二の矢「機動的財政出動」を本当に実行したのは、安倍内閣が成立してからの最初の一年だけで、それ以降はメディアで報じられるほどに積極財政ではありません。消費増税をした二〇一四年以降は緊縮傾向が続いていますし、最初の年の支出も主に箱モノなどに使われ、庶民の生活には役立てられませんでした。それ以降は、選挙の前だけ散発的に財政出動を行って積極財政をアピールしているにすぎません（次頁の表を参照）。したがって、むしろ「安倍政権は（庶民への）バラマキが全然足りない」と批判すべきところでしょう。

（3）の金融緩和に関してはそれなりにやっています（第一の矢の「異次元金融緩和」）が、実際には（本書の井上さんと朴さんの論考にも詳述されているように）、金融緩和を有効に機能させるには積極的な財政出動が不可欠なので、金融緩和は中途半端にしか機能していません。（4）のお金持ち課税に関しては、就任以来どんどん法人税を引き下げている上、二〇一九年の一〇月には消費税率一〇パーセントへの引き上げも予定されています（再度の延期の可能性も示唆はされていますが）。また、アベノミクス第三の矢と言われる「民間投資を喚起する成長戦略」というのは、小泉改革の流れの延長線上にある規制緩和と構造改革のことを指しているので、典型的な新自由主義政策です。

こうしてみると、安倍政権で「反緊縮」的だと言えるのは、（3）の金融緩和くらいで、それ以外はほとんど「緊縮」的な政策になっています。それでも、自民党が大衆の支持を受けて選挙で圧勝し、安保法制や共謀罪などの政策を強引に進めることができたのは、長

安倍政権の公共事業の推移

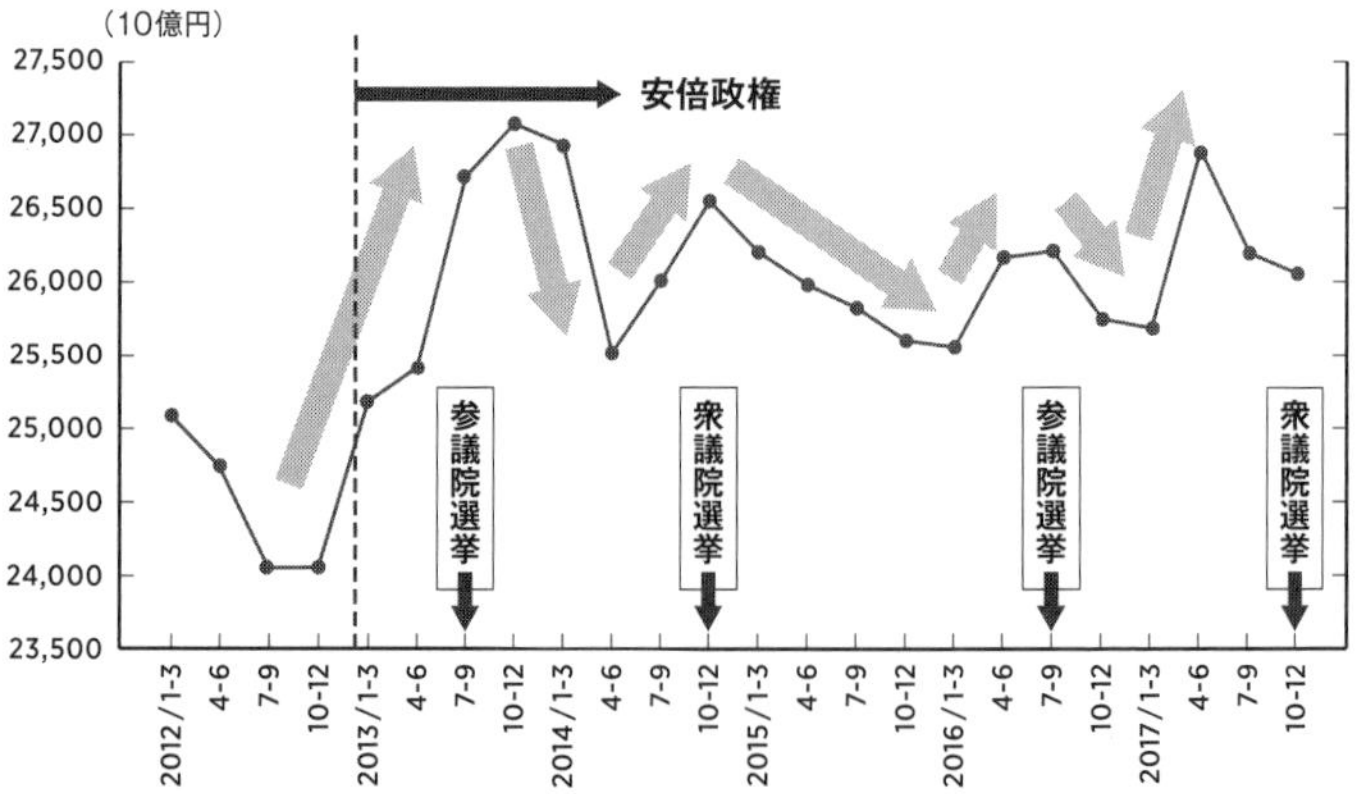

実質公的資本形成（季節調整済み、2011年価格）
出典：内閣府「GDP速報」（2017年10-12月期1次速報）

い間新自由主義政策で痛めつけられた後に、やっと、曲がりなりにも「お金を使います」と宣言する政権が出てきたからです。実際、最初の一年間はたしかにお金を使っていました。そして、そのときのインパクトが「安倍政権は積極財政」というイメージを支えています。

この意味で、安倍政権はトランプ現象の先取りだったと言えると思います。なぜなら、トランプもまたそうやって「アメリカ国民のためにお金を使う」という姿勢を打ち出して、従来の中道左派や中道右派に深い猜疑心を持っている大衆の支持を得て大統領になったからです。

本当に積極的に財政出動をした最初の一年間にしても、箱モノへの支出ばかりで有効な使い方ではなかったのですが、ともあれ安倍政権はそうやってお金を使ってみせたことによって、人びとに民主党時代と比べて「急に経済が良くなった」と印象づけることに成功しました。

たしかに、安倍政権の経済政策が、深刻なデフレ不況に苦しんでいたこの社会の経済状況を、ほんの少しだけ「マシ」にした、ということは事実だと思います。実際に、現在は大学新卒者の求人は売り手市場になっていますし、就業者数が増大しているというのも数字によって裏づけられています。そしてこれは、改憲の野望のために選挙に圧倒的に勝ち続けることを必要とする安倍政権が、反緊縮の経済政策のうち、(2)の「景気を拡大して、雇用を増やそう」という条件と(3)の「金融緩和を利用すること」という条件を、ごく部分的にせよ取り入れていることからくるものです。

真に人びとのためになる経済政策を

しかし、すでに述べたように、安倍首相は就任の一年後に消費税を八パーセントに引き上げただけでなく、それ以降は財政規模を抑制し続けているので、決して反緊縮とは言えません。しかも公共事業を増やした分を、社会保障を削減することによって帳尻を合わせようとすらしています。だから、景気回復といっても、働く人びとの賃金は上がっていませんし、国民の消費は下がったままで、いまだ総需要が不足したデフレ状態を脱却できていません。

いまの日本経済の景気を支えているのは、内需ではなくあくまで外需です。政府は積極的な財政出動や人びとの生活をよくするための生活に直結する分野への投資を行わないので、せっかくの金融緩和の効果も、円安を通じて外需の方にばかり出てしまっています。ここ一〜二年はたまたま世界経済が安定していたので、外需が伸びていますが、これはいつつぶれるかわからない不安定さの中にあります。

内需に支えられた安定した景気にならないと、本当の意味でデフレを脱却することはできません。こんな不安的な景気状況で、消費税率を引き上げれば景気回復の腰を折るだけですから、消費税はこれ以上引き上げるべきではないのはもちろんのこと、わたしはむしろ引き下げることが必要だと思います。

そして政府支出を、もっと社会保障や教育、医療など、人びとの生活を直接豊かにするところに振り向けていくことが大切です。経済学的に考えても、同じ金額だったら箱モノなどの公共事業に投じるよりは、医療や福祉や子育て支援などに投じた方が、雇用者所得の「波及効果」は大きくなります。

波及効果というのは、波のように効果が連鎖していくということなのですが、たとえば、人びとの生活に直結する分野に政府がお金を投じれば、その分できた生活の余裕を人びとは消費に回すでしょう。消費が増えるというのは、モノが売れるようになるということなので、これは内需に支えられた景気の押し上げになります。すると、次第に新しい雇用が増えたり、賃金が押し上げられたり……といろいろなところに効果が波及するようになります。

他方、箱モノの建設にばかりお金を振り向けても、大手ゼネコンが儲けて利益はすべて都会に流れていってしまいます。しかも、そうやって大企業が儲かっても、大企業はいまのところあまりお金を使わずに内部留保をため込むばかりなので、それほど景気に対してプラスに働かないのです。

したがって、こうした中途半端に反緊縮の経済政策を取り入れた（そして実態としては極めて緊縮的な傾向の強い）やり方ではなく、先の反緊縮の四つの特徴をきちんと満たした、本当の意味での庶民のための反緊縮の経済政策こそが、いま最も必要とされているものなのです。

左派ポピュリズムに向かって

わたしの考えでは、いわゆる右派ポピュリズムで、世界的に最初に誕生した政権の一つが安倍政権です。同じ路線でトランプ政権が続きました。そしてフランスにはマリーヌ・ルペンが控えているわけですが、後に登場する人になればなるほど、反新自由主義的／反緊縮的になっている、という傾向が見られるように思います。

たとえば、ルペンなどは経済政策についてはほとんど反緊縮の左翼政党と似たようなことを言っていますし、トランプ大統領の反自由貿易などもある意味で反緊縮的です。そして彼ら／彼女らをいまのようなところにまで押し上げてしまったのは、すでにご説明したように、長い間緊縮政策を進め続けてきた「中道右派／左派」に対する大衆の信頼の失墜なのです。フランスで二〇一八年末に巻き起こった反緊縮の大規模抗議デモ「黄色いベスト」運動にはルペン支持者も多いとも言われています。その背後には中道のマクロンが続けてきた緊縮政策への深い失望と反発があります。これは単なる「右傾化」ととらえられるべきものではなくて、その根底にあるのは緊縮政策に対する人びとの「怒り」なのだと思います。

トランプやルペンに比べると、安倍首相はまだ新自由主義色を残した段階の政治家だと

ブリュッセルで抗議する「黄色いベスト」運動。2018年12月
Photo by Pelle De Brabander, flickr (CC BY-SA2.0)

言えるでしょう。だからこそ、政権が長期化するにつれて、消費税を上げるとか、財政を抑制するような、緊縮主義的な姿勢の方が強くなってきています。そもそも、安倍首相自身の目的意識は、「反緊縮か、緊縮か」というよりは、単に選挙に圧勝して、悲願である改憲を果たしたいということなのだと思います。だから、選挙で勝つことができれば、本当は緊縮でも反緊縮でもどちらでもいいのではないでしょうか。

自民党はもともと党の中にさまざまな派閥があります。新自由主義的な政策を推進したい人たちや緊縮主義的な人たちの方が数としては圧倒的に多いのですが、一部に反緊縮を主張する人たちも現れはじめています。このまま経済政策の新自由主義的な傾向が強まっていくと、その反動として、ルペンやトランプのように、より右派ポピュリズム的な政治家が現れて、「右からの反緊縮」を唱えて人びとの大きな支持を得ていく……という可能性もあると思います。

これまでご紹介してきたコービンやサンダース、バルファキスなどの欧米の左派は、こうした事態に対抗するために、左派の立場から人びとのための積極的な反緊縮の経済政策を提言し、国際的な連帯も模索しはじめています。しかしながら、いまのところ、日本では左派の立場から反緊縮を主張する野党はまだはっきりとは現れていません。

世界的に見ると、「反緊縮」も「ポピュリズム」も、反グローバリズム的な右翼の旗印になっている側面もある一方で、左派の「反緊縮」と「ポピュリズム」の動きも大きなうねりとなっています。欧米の左派の反緊縮の人びと、スペインの左派政党ポデモスなどははっきりと自らを「ポピュリズム」だと言っていますが、わたしは「ポピュリズム」という言葉が悪口である時代はもう終わっていると思います。それはよく否定的に言われるような衆愚政治では必ずしもなくて、「一パーセントのエリートの声ではなく、九九パーセントの大衆の声に耳を傾ける」という姿勢のことも表していると思うからです。

これまでは、中道左派の社会民主主義にせよ、中道右派にせよ、「エリートが決めた政策以外には他に道がない」という感じでした。特にEU諸国では、ブリュッセル・エリートの決定が各国の国会の決定よりも重いものとして強制されてきた、という経緯もあります。でも、本来、民主主義とはそういうものではないのではないか？　エリートが密室で作った政策より、生活に基づいた民衆の素朴な要求の方が尊重されるべきなのではないか？　そういう人びとの思いが、きちんと政治に反映されなければいけない――現在は、そういう時代になってきているのではないでしょうか。「デモクラティック・エコノミー」を掲げる欧米の反緊縮運動が訴えていることは、そういうことなのだと私は思います。

ですから、これまでの常識のように、「極左↓左翼↓中道左派↓リベラル↓中道右派↓保守↓極右」と一直線に人びとが並んでいるという認識のもとに、左派が「極右的な安倍首相支持者までは手が届かないけど、中道右派ぐらいまでは手が組める」とか、「世論が保守化しているから、中道リベラルあたりの勝てる候補で一本化しよう」とか考えて、小泉さんを水で薄めたような中道を担いだりするのは自殺行為なのです。それこそがエリートが密室で作った政治の典型なのであり、緊縮と長期不況の犠牲となった大衆、あるいはその犠牲となるのではないかという不安を感じている若者たちの、最も嫌うものです。この層は、安倍自民党に投票したり、もっと極右的な政治家を支持したりもしますが、全く同じ層が急進的な左派ポピュリズムの支持者にもなりえるのです（「黄色いベスト」運動にルペン支持者も多いという話を思い出してください）。しかし、彼ら／彼女らは緊縮の匂いのする中道は絶対に支持しないでしょう。左派がそんなものと組んだら、新自由主義に対する怒りをもろともにぶつけられることになります。

だからこそ、そうした人びとの怒りを排外主義や移民排斥などのナショナリズムに差し向けるようなことをしなくても、また、いまや緊縮・新自由主義の色を強めつつある安倍政権にすがりつかなくても、人びとの生活をより豊かで余裕のあるものにするための、反緊縮的な経済政策というものがあるのだ、ということを一人でも多くの人たちに知ってもらいたいと思います。他に道がないわけではありません。わたしたちには選ぶことのできる「別の道」があるのですから。

そこでわたしは、二〇一九年の統一地方選挙と参議院選挙のために、反緊縮的な経済政策を掲げる右派ではない候補者を「見える化」し、緊縮と長期不況の犠牲となった人たち、あるいは犠牲となるのではないかと不安を感じている人たちに、その「別の道」を指し示そうと考えました。そのため、同じ問題意識を持った人たちとともに二〇一八年秋から準備をはじめ、年が明けてまもなく「薔薇マークキャンペーン」と称する運動を立ち上げました。詳しくは五九頁の西郷南海子さんの文章をお読みいただきたいのですが、反緊縮的な経済政策の基準を一定以上満たした候補に、認定マークの「薔薇マーク」を出すという取り組みです。

薔薇のマークは欧米ではながらく労働者階級の尊厳の象徴として、社会主義運動や労働運動で使われてきました。またお金を「バラ撒く」にもかけています。何よりも、灰色の緊縮よりもバラ色の未来を語りたいという希望を込めています。本書が出る頃にこの運動がどれだけの成果を上げているかはわかりませんが、おりしも、二〇一八年の年末には、バルファキスとサンダースが呼びかけて、反緊縮派の国際組織「プログレッシブ・インターナショナル」が立ち上がっています（本書二六九頁にもその宣言文を掲載しています）。こうした国際的な動きにも呼応して、日本でも反緊縮の選択肢を発展させていくことが期待されるところです。

※1 「薔薇マークキャンペーン呼びかけ人メッセージ」（https://rosemark.jp/2019/01/07/mikako/）

※2 わたしが共同代表をつとめる「ひとびとの経済政策研究会」のＨＰで和訳しています。イギリス労働党二〇一七年マニフェスト付属資料「英国の未来の資金調達」（https://economicpolicy.jp/2017/07/30/911/）

※3 サンダースの公式サイト上のコンテンツ “Income and Wealth Inequality”（https://berniesanders.com/issues/income-and-wealth-inequality/）に選挙キャンペーン中の二〇一六年時点で掲載されていましたが、現在はＨＰがリニューアルされて閲覧できません。

※4 Bernie Sanders, (2015), “To Rein In Wall Street, Fix the Fed,” The New York Times, DEC. 23, 2015.（https://www.nytimes.com/2015/12/23/opinion/bernie-sanders-to-rein-in-wall-street-fix-the-fed.html）

※5 http://www.european-left.org/positions/news-archive/1st-european-south-forum-declaration-barcelona

※6 こちらも、「ひとびとの経済政策研究会」のＨＰで翻訳を発表しています。朴勝俊訳「欧州左派連合の緊縮財政反対計画」（https://economicpolicy.jp/2016/10/14/341/）

※7 Vincenzo Scarpetta (2014), “Podemos gears up for next year's Spanish elections with revamped economic plan,” Open Europe.（http://openeurope.org.uk/today/blog/podemos-economic-proposals/）
なお、ポデモスの経済綱領を書いたブレーン三人の共著が二〇一三年に『もうひとつの道はある　スペインで雇用と社会福祉を創出するための提案』（つげ書房新社）として邦訳出版されていますが、ここでは、前記の主張に加えて賃上げと公共投資による景気刺激がより明確に志向されていますので、興味のある方はぜひご一読ください。

※8 ＥＵのニュース・政策討論サイト“EurActiv.com” 内の記事 “Jean-Luc Mélenchon: For a European revolution” APR. 19, 2012.（http://www.euractiv.com/section/elections/news/jean-luc-melenchon-for-a-european-revolution/）

※9 “Dette publique: Mélenchon fait le pari de l'inflation,” APR. 10, 2014.（http://www.lefigaro.fr/conjoncture/2017/04/10/20002-20170410ARTFIG00145-dette-publique-melenchon-fait-le-pari-de-l-inflation.php?redirect_premium）

おすそ分けのすすめ

池田香代子

いけだ・かよこ

1948年東京都生まれ。東京都立大学人文学部を卒業後、エアランゲン大学に留学。ドイツ文学者・翻訳家・口承文学研究家・エッセイスト、社会活動家の顔も持つ。主な著書に『哲学のしずく』（河出書房新社）『魔女が語るグリム童話』（宝島社文庫）『子どもにはまだ早いグリム童話』（光文社）『世界がもし100人の村だったら』シリーズ（マガジンハウス）など、共著に『憲法九条は私たちの安全保障です。』（岩波書店）『しあわせになるための「福島差別」論』（かもがわ出版）など、翻訳書に『ソフィーの世界』（NHK出版）、『夜と霧　新版』（みすず書房）、『完訳　グリム童話集』（講談社文芸文庫）など。

グローバリゼーションの翳《かげ》り

一八年前、『世界がもし100人の村だったら』（マガジンハウス、二〇〇一年）という絵本を出しました。世界人口を一〇〇人に縮めて、お腹をすかせている人が何人、戦争で苦しんでいる人が何人というように、世界の現状をわかりやすく切り取り、身近な問題として提起する絵本でした。

元となったテクストは、英語でインターネットを介して世界に広まるうちに変化し、成立したものでした。その生成や伝播のありさまが、口伝えの民話のそれと似ているところから、わたしはインターネット時代のフォークロア、略して「ネットロア」と名づけ、新たに生まれつつあるグローバルな市民意識の器と位置づけました。

当時は、インターネットが広く情報を共有することに役立ち、共感を広め、人びとの連帯をうながし、世界をよりましな方向に動かすという考え方が、まだ輝きを放っていました。多国籍企業による経済のグローバリゼーションがたいへんな勢いで世界を席巻していくなか、人びとが地球規模で連帯し、国際資本へのカウンターパートをかたちづくるための利器として、インターネットに無邪気な期待が寄せられたのです。

二〇年近くたったいま、その期待には失望の翳りが落ちています。

ネット空間では、検索エンジンが洗練されるにつれて、人びとは、見たい情報だけを見ることで、閉じた集団にみずからを囲い込むようになりました。特定の考え方が増幅され先鋭化されてネットの外のリアル社会にあふれ出す一方で、異なる背景や思想の人びとが出会い、情報を共有して利害調整するという、本来あるべき民主主義のプラットフォームが、崩壊の危機に瀕しています。日本の嫌中嫌韓や生活保護利用者への攻撃、アメリカのトランプ現象、ヨーロッパの反移民など、世界各地で排外的な、安易に敵を想定する政治志向が勢いづいているのは、その現れです。

経済の分野では、インターネットによるさまざまな金融取引が、一説によると実体経済の四倍もの規模に膨れ上がり、地球規模で経済の脆弱化を招きながら、そうした取引に参加できる層が富を吸い上げることに寄与しています。グローバリゼーションは、「経済効率を高めて豊かな世界をもたらす」と喧伝されましたが、持てる者にとほうもない便宜と恩恵を与え、極端な富の偏在を招き、貧富の差が天文学的に広がりました。

けれど、これらはあくまで翳りであり、希望がなくなったわけではないと思います。今後わたしたちは、グローバリゼーションを基盤的な条件として生きていくしかない以上、知恵をしぼり、力をつくして、なによりも人びとのために社会を回していく方策を探らなければなりませんし、解はきっとあると思います。

経済のことも視野に入れなければ、世界の持続可能性は論じられない

国連も、経済のグローバリゼーションに対抗する施策を進めています。SDGs（Sustainable Development Goals, 持続可能な開発目標）です。SDGsとは、貧困や飢餓の撲滅、感染症予防、環境保全、教育の普及、平等など、一七の目標をかかげる地球規模の行動計画です。『100人村』は、いってみればSDGsにまつわる寓意的な絵本で、シリーズ六冊のうち二冊は国連機関とのタイアップです。『100人村』の一冊目が出た当時は、SDGsという言葉はまだなくて、その前身のMDGs（Millennium Development Goals, ミレニアム開発目標）や、それに関連したESDs（Education for Sustainable Developments, 持続可能な開発のための教育）が提唱され始めたところでした。MDGsは、二〇〇一年に始まり、「二〇一五年までに貧しいを半分に」をスローガンとする取り組みでしたが、広がりはいまひとつでした。SDGsはその後継事業で、二〇三〇年までの達成を目標にしています。いまはメディアでも「エスディージーズ」で通じるようで、隔世の感があります。

わたしは、この分野にはまったくしろうとでしたので、『100人村』作りは手探りでした。ですから用意周到とはいかず、一冊作ると次の課題が見えてくるというぐあいで、

『世界がもし100人の村だったら　お金篇』マガジンハウス、2017年

数年前に六冊目の『世界がもし100人の村だったら　お金篇』（マガジンハウス、二〇一七年）を出し、いまに至っています。

『お金篇』が生まれたきっかけは、リーマンショックです。食とエネルギーを持続的に供給できれば世界の安定性は最低限確保できるとの認識で、それぞれをテーマとした『100人村』を出し（『たべもの篇』マガジンハウス、二〇〇四年／『完結篇』同、二〇〇八年）、これでシリーズは完結したものと考えていたところに、このアメリカのウォール街発の経済パニックが起きました。

「デリヴァティヴ」や「CDS」といった耳慣れない言葉の飛び交う金融の分野で、生活世界からかけはなれたお金の巨大な流れが破綻すると、遠い国のそういったこととはまったく関係なく暮らしている人びと、とくに貧しい人びとにまで深刻な影響を及ぼすことを目の当たりにし、経済のことも視野に入れなければ、世界の持続可能性は論じられない、と痛感したのです。

そのとき世界経済を見回して知ったのは、この二〇年でお金持ちは大金持ちになり、先進工業国の中間層がやせ細った、ということです。とはいえこの間アメリカやEU諸国は、日本と違って経済成長していますす。欧米に行くとお感じになるでしょうが、軽くランチを食べようと思ったら、一〇〇〇円では足りません。二〇〇〇円出しておつりが数百円戻ってくる、という感覚です。でも、日本では五〇〇円、ワンコインでランチが食べられたりします。これが、「失われた二〇年」と呼ばれるデフレ不況によってもたらされた差です。中間層としての収入を得られる職が減ったのは、どこの工業国も同じですが、日本だけは経済成長をしていないので、全体に貧しくなった。世界的に見ると、日本の経済は相対的にも絶対的にも一人負けです。

ところがいま日本は、戦後最長の景気拡大を続けているといわれています。景気拡大というと、高度経済成長のときの高揚感を思い出しますが、そんな好況感はぜんぜんありません。経済成長率は誤差の範囲みたいな微々たるものですし、それも政府の統計があやしくて、もしかしたら間違っているのかもしれないというありさまです。実感は、景気拡大という言葉から受ける印象とはかけはなれています。

わたしも、生活者として直感的にそう思います。ワンコインでランチが食べられるのはいいことではないか、七〇〇円のラーメンが欧米のように一七〇〇円だったらたまらない、と思われるかもしれません。けれどこの二〇年、年三パーセント経済成長していたら、ラーメンに一七〇〇円払うことは、いま七〇〇円払うより負担感が少ないほど、わたしたちの収入も増えていたはずでした。ラーメンどころか、たまにはもっと高い二〇〇〇円のチャーシュー麺にしようと思う、それが経済成長です。経済成長は、多数の人びとを少しずつ豊かにするのです。わたしは高度経済成長期のそんな感じを憶えていますが、こういうこと、四〇歳以下の若い方は想像すらできないのではないかと思います。経済が凋落の一途をたどった時代に大人だった一人として、本当に申し訳なく思います。

ところで、GDPの六割は個人消費です。ところが、たとえば教育、保育、介護、医療に関わる人びとが、低賃金や過重労働のもとに置かれています。どれも、命を預かる専門性の高い大切な仕事なのに、これは問題です。まずは、こういう分野のお給料を増やすべきではないでしょうか。以前、「保育士さんのお給料、プラス五万円」という法案を、野党が共同で提出したことがありました。他業種より平均賃金が一〇万円ほども低いのですから、当然の提案だったと思います。その方々は、緊縮政策のために不当に安い賃金に甘んじてきたので、お給料が上がったら、すぐにその五万円を使うでしょう。そうしたら、社会にお金がきびきびと勢いよくめぐります。それをしないで、緊縮の名のもと、逆にまさにそこをどんどん削っている。これでは、いつまでたってもデフレが終わらないのは当たり前です。デフレは、わたしたち99パーセント・ピープルをじりじりと貧しくしていく宿痾《しゅくあ》以外のなにものでもありません。

「緊縮」というサトゥルヌスに食べられた子供たち

人びとの暮らしからゆとりどころか必須の部分まで、削ぎ取り削ぎ取りしながら経済を回していこうとするいまのこの国は、タコが自分の足を食べているようなものです。吸盤もろとも足が少なくなれば、早晩、捕食もままならなくなることは明らかなのに、漫然と手近なもので空腹を満たすことしか考えていない。あるいは、ゴヤが描いた「わが子を喰らうサトゥルヌス」。すでに片腕を食いちぎられ、ぐったりとした血みどろの青年をわし摑みにして、いましももう一方の腕に食らいつこうと大きな口を開け

フランシスコ・デ・ゴヤ「わが子を喰らうサトゥルヌス」1819-23年

ている巨人の、凄惨な絵です。サトゥルヌスの目には狂気が宿っていますが、むしろそれが救いのように思えます。なぜなら、まともな神経の持ち主が自分の子供を食べたら、狂気に陥って当然だからです。なのにこの国は、国民とくに若い人びとがまともに生きられないように追い詰めて、つまり若い人びとを食い物にして、それが狂気だなどとはまるで考えていない。まともではありません。

「不況が続いているから、財政が赤字だから、保育士さんのお給料なんて上げられない」という人がいます。「だから、子育て予算を確保し、ゆくゆくは保育士さんの給料も上げるためにも消費税を増税するのだ」という人もいます。でも、それは本当なのでしょうか。そんなことをしたら、保育士さんは当座お給料はそのままで消費税は増えて、使えるお金（実質賃金）が減ってしまいます。それは保育士さんに限らず、お給料がなかなか上がらないすべての人にいえます。お給料は上がらずに消費税が上がったら、わたしたちはますます貧しくなり、ますます倹約せざるを得ず、デフレはますます進みます。

わたしはしろうとなので、間違っていたらごめんなさいなのですが、『21世紀の資本』（みすず書房、二〇一四年）を書いたトマ・ピケティさんは、日本の経済状況について「いまのところ金融緩和はいい、けれどお金の使い方が間違っている」といったと理解しました。ノーベル経済学賞をとったポール・クルーグマンさんも、「金融緩和だけでは、日本のデフレ状況は救えない」とおっしゃいました。つまり、お二方とも「とりあえず金融緩和はいい、その他の政策が間違っている」といっていると思うのです。

一九三〇年代、大恐慌を脱するために、アメリカはニューディール政策をすすめましたが、これを理論的に裏づけたジョン・メイナード・ケインズは、こんなときにこそ、雇用を生むために政府が財政出動して、公共的な社会政策を推しすすめることが必要だ、といいました。また、デフレを脱するためには、金融緩和で金利を引き下げて、社会にもっとお金が回りやすい状況を作ることが大切だ、とも。そういうお金を教育、保育、介護、医療に関わる人びとにきちんと回るようにしていけば、内需が増えて景気が持ち直し、税収も増えて、ただでさえぎりぎりの生活を余儀なくされている人にも負担を強いる消費税増税をする必要はなくなります。

そんなことをしたらインフレになるという人もいますが、ドイツの戦間期のことなどを考えても、経済基盤がある程度できている国では、戦争のような壊滅的な事象が起こらない限り、ハイパーインフレにはなりません。そして通常のインフレは、政策でブレーキをかけることが、デフレをなんとかするよりも簡単です。しかもいまの日本は、ゼロ金利政策をはじめとするこれまでの経済政策のおかげで、インフレに対する手立てが増えている状況なので、こんなときにハイパーインフレで恫喝する人は、わたしはちょっと裏があるのではないかと疑ってしまいます。

さきほど、自分の子供を食べるサトゥルヌスの話をしました。いまの若い人たち、さらにロストジェネレーションと呼ばれるかつての若い人たちは、まさに緊縮国家というサトゥルヌスが、おのれの飢えを満たすために人生を奪った、血まみれの子供たちです。

わたしはベビーブーマーです。わたしの子供に当たる世代は、第二次の小さなベビーブーマーとされます。では、わたしの子供たちが結婚したり子供を持ったりする年頃になって、もう少し小さくなるかもしれないけれど、第三次ベビーブームが起こったかというと、起きていません。グラフにまったく山がないのです。出産可能年齢層はそこそこ分厚いのに、出生数も出生率も下がる一方です。この国は、これを人為的にやったのです。非正規労働や派遣労働など、人一人がかつかつ生活できるかできないかの低賃金の、しかも不安定な仕事を規制緩和でどんどん増やし、最低賃金を低いままに放置しました。同一労働同一賃金などどこ吹く風です。正規社員も、長時間労働にあえいでいます。これでは、結婚したり子供を持ったりしたくても、多くの人は二の足を踏んでしまいます。少子化は明らかに経済政策の失敗です。

消費税よりもお金持ち増税を

財政赤字を解決するためにも消費増税は必要だ、といわれていますが、その一方で、お金持ち減税はすさまじい勢いで進んできました。

亡くなった小説家の井上ひさしさんにはよくしていただきましたが、お会いするとくだらない話もしていました。わたしたち印税生活者は、ベストセラーが出ると、ある日突然、所得税の最高税率に見舞われます。最大瞬間風速的にお金持ちになるのです。あるとき、「いつ最高税率をくらったか」を告白することになりました。井上さんは、『吉里吉里人』（新潮社、一九八一年）のときに七〇パーセント払ったそうです。わたしは『100人村』のときに、住民税や社会保障費を合わせて五〇パーセント強払いました。『100人村』のほうが『吉里吉里人』より約三〇年あとです。「七〇パーセント！　すごいですね！」といったら、井上さんは、「いやいや、それで驚いてちゃいけないよ。松本清張さんは四〇〇字詰め原稿用紙二〇行のうちの、最後の二行分が松本さんの懐に入って、あとは全部税金だった」とおっしゃいました。

井上さんのお話はおもしろすぎるので、いつも話半分に聞いているのですが、ピケティの『21世紀の資本』を読んだら、これは本当でした。それはたかだか半世紀前のことでした。いま、九〇パーセントとはいわないけれど、お金持ちの所得税率をもう少し昔に戻してほしい。それが、わたしは真の社会的公正さだと思います。「消費税はみんなが平等に負担する公正な税制だ」といわれますが、富裕層に相応の税金を払ってもらう所得税の累進課税の強化のほうが、お金のない人からもとる消費税よりも公正だと思うのです。また、株式配当や売却益にかかる税金は二〇パーセントと低率ですが、昨今のお金持ちはこうした有価証券からの収入が大きいので、別の税率で優遇するのではなく、所得税はすべての収入をコミで計算してほしいと思います。

たとえば松本清張さんは、九〇パーセントの所得税を払っても、もちろんお金持ちでした。わたしは、通っていた高校が松本さんのご自宅の近くだったので、駅前の喫茶店でよくお見かけしました。あるとき、レジで松本さんの次に並んだことがあります。松本さんが和服の懐から取り出した札入れは、お札で一センチほども厚みがあって、乏しいお小遣いの高校生は目を丸くしました。

この二〇年、お金持ちが大金持ちになった、といいました。今年（二〇一九年）の一月、イギリスに本拠を置く国際NGOのオクスファム（Oxfam）は、世界でもっとも裕福な二六人と、世界人口の所得の低い半数、三八億人の資産が同じだ、という報告を出しました。こうした、数人の資産が何十億人のそれと同等という比較は、今世紀に入ってすっかりお

一般会計税収の推移

税種	1989年税収	2017年税収	増減額
所得税	21.4	18.6	▲2.8
法人税	19.0	11.7	▲7.3
消費税	3.3	17.1	13.8
税収計	54.9	57.7	2.8

出典：財務省HP（2017年度は実質見込額）　（兆円）

なじみになり、その差は年々広がっています。オクスファムの同じ報告によると、資産を一〇億ドル以上持っている大金持ちたちの総資産は、毎日二五億ドルずつ増えているそうですから、当然です。「ワールド・ウェルス・リポート」二〇一八年版によると、日本にも一〇〇万ドル（一億一〇〇〇万円）以上の投資資産を持つ大金持ちが三一六万人いるそうで、これはアメリカに次いで世界第二位です。国全体がジリ貧に向かうこと、格差が広がること、大金持ちが資産を増やすこと、これらは一つの現象の三つの顔なのでしょう。しかも、それを税制が後押ししています。一九八九年に消費税が導入され、その一方で所得税の累進課税をゆるやかにし、法人税も下げていった結果が、上の表です。

想像ですが、年収一億円の人と年収一〇億円の人が消費に回すお金は、それほど違わないのではないでしょうか。わたしがお金の使い道を知らないだけかもしれませんが、年収と同じ一〇倍とまではいかないと思うのです。お金持ちほどお金をあまらせる。ありあまるほどお金を持っているのがお金持ちなのですから当たり前の話で、収入があっというまに生活費や税金・社会保障費・光熱通信費や教育費に消えてしまい、貯蓄するには強い意志でがんばらないとならないわたしたち99パーセント・ピープルとはわけが違います。

大金持ちがすぐにぱっぱとは使わないお金は、一部は貯蓄、一部は投資に向けられるでしょう。そして、お金がざくざく入ってくれば、気軽にハイリスクハイリターンの投資にチャレンジしようという気にもなるのではないでしょうか。その投資先は、海外であることも多いでしょう。それどころか、税金を逃れるために、外国のタックスヘイブンに飛ばすこともあるでしょう。つまり、大金持ちが稼いだお金はあまり国内経済には回らないのです。ですから、年収一〇億円の大金持ちが一人いるより、年収一億円のお金持ちが一〇人いるほうが、もっといえば年収一〇〇〇万円の小金持ちが一〇〇人いるほうが、社会に回るお金は多いと思うのです。

大金持ちが増えれば増えるほど、大金持ちの資産が増えれば増えるほど、社会からお金が吸い上げられ、どこかに行ってしまう。その分、社会は貧しくなる。ほんのひとつまみの大金持ちに富が集中するしくみの社会では、そもそもトリクルダウンなど起きるはずがなかったのです。わたしたちは、このインチキな「理論」を真に受けて、いつか滴ってくるおこぼれちょうだいを期待し、あんぐり口を開けて待っていましたが、ほんのひとたらしも落ちてこないどころか、もう喉はからから、顎はいいかげんくたびれて外れそうです。

経済に民主主義のプラットフォームを

これは、公正で健全な社会とはいえません。大金持ちだって、この社会というインフラがあってこそ、富を増やすことができているのです。社会インフラとは、都市機能や交通機関、上下水道といったハードな設備や、法の支配やさまざまなルールや慣習などのソフトなシステムだけでなく、なによりも教育や文化に涵養《かんよう》された、良識ある人びとが作る安定した共同体です。治安のよさや人気《じんき》のよさにとどまらず、創造性や公共心が生き生きと発揮される活気ある社会のほうが、不安と怨嗟と絶望の渦巻く社会よりも、誰にとっても居心地がいいはずです。もちろん、大金持ちにとっても。

わたしは、お金を増やす才能と情熱を持った人びとを否定はしません。けれど、その方々には、ほんの少し公共に目を向けていただきたいと思います。おすそ分け経済を受け入れていただきたいのです。累進課税を少し強化するだけで、消費税を上げる必要などどないどころか、下げることすら可能だという学者さんもいます。これほど格差が拡大してしまった以上、富裕層はノブレス・オブリージュを見せてほしい、とわたしは思います。

それは、SDGsの分野にもいえます。国境を越える経済活動にはどの国の税金もかかりませんが、それこそがグローバル時代の超富裕層の富の源泉です。そこからさまざまなごく低率の税金を徴収し、一元的に管理して、世界の貧困や感染症や気候変動への対策費とする、という国際連帯税構想がそれです。航空券連帯税は、フランスや韓国など九ヵ国が実施して、世界からエイズやマラリアや結核をなくすために役立てられています。日本は今年（二〇一九年）、これと同じ徴収方法の出国税を新設しましたが、税収を国内で使うだけでなく、一部はこの連帯税基金にも拠出すべきだと考えます。研究者を中心に、そうした働きかけが始まっていますし、河野太郎外務大臣は乗り気のようなので、なりゆきを期待して見守りたいと思います。

国際連帯税には、さまざまな課税対象が考えられています。金融取引、多国籍企業、武器取引、炭素などです。コンピュータのアルゴリズムで一秒に何千回もくりかえされる通貨や有価証券の取引に、ほんの〇・〇〇数パーセントの税をかけるだけで、世界から貧困をなくせるという試算があります。わたしたちは、人類史上初めて、みずからの意志で貧困をなくす可能性を手にした世代なのです。

国内では累進課税の強化、そして法人税の増税、国際的には国際連帯税。どちらもその根っこにあるのは、おすそ分けの精神です。出す人が痛みを甘受しうる範囲で、しかも万人に恩恵がいきわたる、おすそ分け経済です。このところ資本主義は、「強欲」という、人聞きの悪い形容をつけられる場面が目立ちます。こんな汚名は返上して、経済学の父アダム・スミスが構想したような、他者への共感と廉恥心を備えた人が参加する経済、社会や人びとのために回る経済を実現しなければなりません。

アダム・スミスだけではありません。二宮尊徳は江戸後期、破綻した領地財政の立て直し請負人として活躍しましたが、「経済なき道徳は寝言、道徳なき経済は犯罪」といったとされています。史実ではないようですが、尊徳の言行を受け継ごうとした人びとが、これが彼の思想だと信じたことは、留意に値すると思います。近代日本資本主義の父とも称される渋沢栄一は、今度新しい一万円札に肖像が採用されるようですが、会社を約五〇〇社、学校やいまでいうNPOを約三〇〇団体創設したといわれています。その渋沢は、『論語と算盤《そろばん》』という著作で、「道徳経済合一説」を提唱しました。また、ある書家は「奪いあえば足らぬ。分け合えばあまる」という言葉を好んで揮毫《きごう》しました。

これらはすべて同じことをいっています。自分さえよければ、という経済活動をいましめているのです。英語のeconomyは、ギリシャ語の家政を意味する「オイコノミア」を語源としていますが、そこに経世済民、「世を経《おさ》め民を済《すく》う」から作った経済という言葉を、economyには「民を済う」という意味はないにもかかわらず、無理矢理あてた幕末明治の人びとの思いも、ここに加えてもいいかもしれません。

個人の欲望礼賛一辺倒の経済によって失われてしまった、一人ひとりの尊厳を守る経済を実現し、民主主義のプラットフォームを取り戻すために、いま、世界の人びとが声を上げています。わたしもその列に加わりたいと思います。

なぜ消費税を社会保障財源にしてはいけないのか

森永卓郎

もりなが・たくろう

1957年東京都生まれ。経済アナリスト。1980年、東京大学経済学部卒業。経済企画庁総合計画局、三井情報開発（株）総合研究所、（株）UFJ総合研究所を経て、獨協大学経済学部教授。専門は労働経済学と計量経済学。著書に『なぜ日本だけが成長できないのか』（角川新書）『消費税は下げられる！　借金1000兆円の大嘘を暴く』（角川新書）『森卓77言　超格差社会を生き抜くための経済の見方』（プレジデント社）など多数。

財務省の財政破綻キャンペーンの嘘

二〇一九年二月八日に、時事通信社は以下のようなニュースを配信した。

財務省は8日、国債と借入金などを合計した「国の借金」が、2018年12月末現在で1100兆5266億円と過去最高を更新したと発表した。8月1日時点の人口（1億2435万人）を基に単純計算すると、国民1人当たりの借金は約885万円で、昨年9月末の前回発表時から7万円増加した。

こうしたニュースに触れた多くの国民が、「一人当たり一〇〇〇万円近い借金を抱えたら大変だ。増税は望ましくはないが、高齢化が進むなかで社会保障を維持するためには、消費税率を引き上げていくしか方法がない」と思い込んでしまう。

実際、そう思っている国民は多いようで、二月に発売された明石順平『データが語る日本財政の未来』（インターナショナル新書、二〇一九年）がベストセラーになっている。この本には、「株で大儲けした人や大企業ほど税負担が小さい」など、的確な指摘も含まれているが、基本的には「国債の六〇年償還ルールは、借金の先送り策だ」とか「国に資産があることは言っても、売れないものばかり」と言って財政危機を煽り、増税の環境を援護しているという意味で、財務省が小躍りして喜ぶ内容であふれている。三〇年以上にわたって財務省が続けてきた、「日本の財政は先進国で最悪の水準であり、消費税率を引き上げていかないと日本の財政は破綻してしまう」というキャンペーンが、功を奏した結果だ。

しかし、冷静に考えれば、日本の国債金利は、完全無借金のドイツと並んで、先進国最低の水準になっている。信用度の低い人からは高い金利を取るというのは、金融の世界の常識だ。それは、国家にもあてはまる。つまり、財政が悪化すれば国債金利が上昇するのだ。そのなかで、日本の国債金利が先進国で一番低い理由は、日本の財政が先進国で一番健全だからだ。まず、そのことから述べよう。

日本が抱える純債務は「普通」の水準

財務省が公表している「国の財務書類」という統計がある。これは、国を企業に見立てて、損益計算書と貸借対照表を作成したものだ。この統計は、連結ベースでみるのが望ましい。連結というのは、国立大学や国立病院など、行政改革をアピールするために形式上民間になっているが、実質は国営であるものを、本来の国営とカウントし直したものだ。

本稿執筆時の最新統計である二〇一六年度末の数字をみると、連結ベースで国が抱える負債は、一四七〇兆円だ。この数字が財政破綻論の根拠になっている。しかし、資産の部をみると、九八六兆円もの資産を日本政府は保有している。これは、断トツで世界一だ。つまり、日本の財政は、大きな借金をして、それを原資に預金をしているような状態なのだ。差し引きの純債務は四八三兆円だ。この年のGDPは五三八兆円だから、国が抱える本当の借金は、GDPの九割だ。これは、先進国として、ごく普通の借金のレベルだ。

しかし、財務省や明石氏の本では、国が抱える資産は売れない資産ばかりだから、カウントしてはいけないという主張を展開している。例えば、道路は売れないだろうと言われると、そうかなと思ってしまう。しかし、日本の高速道路は、すでに株式会社化されており、売る気になったら、いますぐにでも売れる。一般国道も、証券化して、毎年の使用料を税金から支払う形にすれば、売却は可能だ。一〇〇兆円にものぼる米国債も、米国の顔色をうかがって売れないだけで、世界一流動性の高い証券は、米国債なのだ。

私は、国有財産を叩き売れと言っているのではない。世界は、政府が抱える借金の額をみているのではなく、純債務、すなわち負債から資産を引いた額をみているということだ。だから、世界からみれば、日本の財政が悪いという認識そのものが存在しない。日本の財政は、「普通」なのだ。

日本の財政は世界一健全

日本の財政は普通だとして、それでは、なぜ日本の国債金利は、ドイツと並んで世界一低いのか。その秘密は通貨発行益にある。

非常に単純化して言うと、金融緩和というのは、銀行が保有している国債を日本銀行が買い入れて、代金として日本銀行券を支払うものだ。日銀は政府の子会社だから、政府部門全体としてみると、金融緩和のもう一つの顔は、国債を日銀券にすり替えるということだ。

民間が持っていた国債が日銀券に変わると何が起きるのか。国債を持っている国民には、政府から毎年金利が支払われる。一〇年たったら、元本も返済される。一方、日銀券を持っている国民に金利は支払われない。一〇年たっても元本が返済されることはない。したがって、国債を日銀券にすり替えた瞬間に、政府の借金は消えるのだ。消える借金の額を経済学では、通貨発行益と呼んでいる。これまで通貨発行益は、世界中で何度も使われてきた。日本に限っても、明治維新の改革費用や太平洋戦争の戦費は、通貨発行益で賄われてきたのだ。

だが、通貨発行益を多用するとインフレになるということで、戦後の日本政府は通貨発行益に手を出さなかった。しかし、安倍政権が対峙したのはデフレだ。デフレ下では、インフレを心配する必要はない。そこで、安倍政権は、通貨発行益の大量生産に出たのだ。二〇一六年度末に日銀が保有していた国債は、四一八兆円だ。つまり、この時点で通貨発行益が四一八兆円出ていたことになる。この通貨発行益と先に示した政府が抱える純債務と合算すると、政府が抱える純粋な債務額は、四八三兆円マイナス四一八兆円で、わずか六五兆円ということになる。日本の財政は、ほぼ無借金なのだ。ちなみに、二〇一九年二月一〇日現在で日銀が保有する国債は四七三兆円だ。これは、政府の純債務とほぼ同額だ。つまり日本の財政は完全無借金なのだ。

消費税増税は法人税減税のため

財政上の必要性がないのに、なぜ政府は消費税率を引き上げようとするのか。その答えは、法人税を引き下げるためだ。二〇〇六年度に消費税の税収は一〇・五兆円で、一方の法人税の税収は一四・九兆円だった。法人税収は、消費税収入の一・五倍も大きかったのだ。ところが、その後の度重なる法人税減税と消費税増税によって、状況は大きく変わる。二〇一七年度の決算では、消費税収は一七・五兆円と七兆円増えたのに対して、法人税収は一二・〇兆円と二・九兆円減少しているのだ。最近の企業は、空前の利益をあげているというのに法人税が減っているのは、法人税率を大幅に引き下げたからだ。実際、二〇〇五年度の法人税の基本税率は三〇パーセントだったが、二〇一七年度は二三・四パーセントになっている。その結果、企業の手元には大きな資金が残ることになった。いま企業の内部留保が四〇〇兆円を超え、現預金に限っても二〇〇兆円を超えている。企業は猛烈な勢いでお金を貯め込んでいるのだ。一方で、第二次安倍政権発足後だけで、実質賃金は五パーセントも下がっている。こうした分配の不平等を是正する手段は、法人税率を引き上げて、消費税率を下げることだ。しかし、政府がやってきた政策は、真逆だし、今後とも真逆の政策を採ろうとしている。守銭奴と化した日本の企業をさらに太らせるために、消費税増税をする必要など、どこにもないのだ。

社会保障は企業と労働者で一緒に支えるべき

社会保障というと、どうしても税金で支えられていると思われがちだ。もちろんその部分は存在するが、日本の社会保障の大部分は、実は社会保険制度で支えられている。例えば、勤労者の年収のうち、一八・三二パーセントが厚生年金保険料として徴収され、一〇パーセント前後が健康保険料で徴収される。そして一パーセント前後が雇用保険料として徴収される。つまり、企業負担も含めれば、年収の三割程度が、社会保険料として納められているのだ。

このうち、雇用保険料は企業負担の方が大きいが、厚生年金と健康保険の保険料は、労使折半になっている。労働者と同額の保険料を企業も納めているのだ。ところが、厚生年金の保険料が段階的に引き上げられ、一八・三パーセントに達した二〇一七年九月以降は、厚生年金の保険料は、引き上げられないことになっている。今後の高齢化に伴う社会保障負担増は、消費税率の引き上げで対応するというのが、政府の基本的な考え方だ。

しかし、そこに大きな落とし穴がある。消費税は全額消費者が負担するものだ。企業は一切負担しない。つまり、消費税を社会保障の財源とするということは、今後進んでいく高齢化のコストを企業は一銭も負担しないということを意味するのだ。

社会保障負担が厳しいときこそ、皆で力を合わせて支えなければならないのに、企業が一切負担しないというのは、明らかに無責任だ。

スウェーデンの消費税率は、表面的には二五パーセントだ。軽減税率があるので、表面税率ほど実効負担は大きくないが、それでも日本よりも負担が大きいことは事実だ。しかし、その一方で、スウェーデンの社会保険料の労働者負担は日本の半分で、企業負担は日本の二倍だ。だから、日本が消費税率を引き上げる際には、社会保険料の労働者負担を引き下げ、その分企業負担を引き上げなければ、バランスが取れないのだ。だが、日本でそうした措置が採られたことは一度もないし、検討された形跡もないのだ。消費税を社会保障財源にという言葉は、企業が社会保障負担をしたくないと言っているのと同義なのだ。

東日本大震災から八年が経過して明らかになったことは、復興がほとんど進んでいない実態だ。復興を支えるために国民は、復興特別住民税を一〇年間、復興特別所得税を二五年間支払い続ける。ところが、復興特別法人税はたった二年間で廃止されてしまった。さらに復興財源を支えるために行われた国家公務員給与の二割カットも、たった二年で廃止された。いまの政治は明らかに企業と官僚を優遇しているのだ。

富裕層は、消費税を一銭も負担していない

消費税に逆進性があるという指摘は、よくなされている。収入が増えるほど、収入に占める消費の比率が下がるから、結果的に収入に占める消費税の負担率は、低所得者ほど大きくなる。厚生年金保険料などは、収入に比例して課せられる。本来なら、社会保険料も累進課税でよいはずだが、社会保障は、給付の段階で、比較的大きな所得再分配の効果を

持っているから、収入比例の保険料率でも仕方がないのかもしれない。しかし、消費税を社会保障財源にあてると、収入の高い人ほど、収入に対する社会保障負担の比率が下がってしまう。これは、明らかに大きな問題だ。

さらに多くの人が気づいていないが、富裕層は実質的に消費税を支払っていないのだ。その仕掛けはこうだ。富裕層はたいていの場合、自分の会社を持っている。そして、彼らの生活費は、その会社の経費として使われる。移動の車も、ガソリン代も、飲み会も、旅行も、ゴルフもすべて会社の経費だ。葬式も社葬にしてしまえば、会社の経費だ。さすがに結婚披露宴の費用を会社に負担させてしまうのは、カルロス・ゴーン被告くらいだと思うが、それでも富裕層の場合、大部分の生活費は、会社の経費になる。そして、会社の経費にできれば消費税の負担はなくなる。消費税には仕入れ控除の仕組みがあり、経費として支払った商品にかかる消費税は、全額還付されるからだ。

つまり、消費税に逆進性があるなどというレベルの話ではなく、富裕層は一銭も消費税を負担していないのだ。だからこそ、彼らは、消費税率の引き上げに賛成するのだ。もともと払っていない税金の税率を引き上げられたとしても、痛くもかゆくもないというのが、富裕層の立場なのだ。

消費税は下げられる

私は、いま政府が採るべき最優先の政策は、消費税率を引き上げるのではなく、逆に五パーセントに引き下げることだと思う。少なくとも、リベラル派の政党は、そう主張すべきだ。消費税を五パーセントに引き下げるのに必要な財源は、八兆円だ。その財源を得るのは、意外に簡単だ。手段はいくらでもある。

一番単純な方法は、法人税率の引き上げだ。だから、現在三〇パーセントの法人税の実効税率を四三パーセントに戻してやれば、八兆円の税収が得られる。一九八九年に消費税が導入される前の法人税の実効税率は五〇パーセントだったのだから、四三パーセントの税率など何ともないはずだ。法人税率を引き上げると、外資系企業が日本から撤退してしまうという意見もあるが、それは詭弁だ。例えば、アマゾンは、そもそも日本で法人税をほとんど支払っていないのだ。

第二の方法は富裕層への課税だ。キャップジェミニというフランスのコンサルティング会社が発表した二〇一八年版の「ワールド・ウェルス・レポート」によると、一〇〇万ドル（一億一〇〇〇万円）以上の投資可能な資産を持つ富裕層は、日本に三一六・二万人もいる。彼らが保有する投資可能資産は、総額で八四七兆円だ。投資可能資産には、自宅や車などは含まれない。つまり純粋に遊んでいるカネだ。そこにたった一パーセントの課税をするだけで、消費税を五パーセントに引き下げられるのだ。

第三の方法は、相続税の増税だ。相続税には様々な控除や減税措置があるため、大きな税収が得られていない。しかし、内閣府の「国民経済計算」によると、家計（個人企業を含む）の二〇一四年末の正味資産は、二三五九兆円となっている。仮に三〇年で世代が入れ替わるとすれば、一年当たりの相続財産の発生は七九兆円になる。ここにたった一〇パーセントを課税するだけで、消費税を五パーセントに引き下げることができる。もちろん、一律に課税したら、いまは庶民が支払っていない相続税を庶民も負担することになるが、相続財産というのは所詮あぶく銭だ。一〇パーセントくらい税金として支払っても、問題はないのではないか。

第四の方法は、分離課税の廃止だ。現在株式の売買益や配当、不動産の売買益は分離課税といって、一律の税率が課せられている。例えば、株式の売買益や配当は二〇パーセントの税率で地方税も含めて納税が完了する。そうした優遇措置を廃止して、すべての所得を合算して累進課税を適用するのだ。分離課税廃止による税収増の推計はむずかしい。しかし、国民経済計算によると、利子や配当など、家計の財産所得の受け取りは二七兆円ある。また、ここには株式や不動産の売買益は含まれていない。税務統計でみると、安倍政権発足後は、譲渡益はおおむね一〇兆円を超えている。だから、それを加えると四〇兆円程度の財産所得があるとみられる。総合課税化によって、税率を二〇パーセント高めることができるとすると、税収は八兆円となるから、これだけで消費税を五パーセントに下げられるのだ。

その他にも、タックスヘイブンに逃げている資金への課税を強化したり、アマゾンなど、日本でほとんど法人税を支払っていない外資系企業への課税を強化したり、庶民が負担しない形で、消費税引き下げのための財源を確保する方法はいくらでもある。

もちろん税制改革は、激変緩和措置が必要だったり、実現まで時間がかかるという問題もある。しかし、当面の消費税引き下げの財源は、赤字国債の増発でよいだろう。その分だけ日銀が国債保有を増やせば、通貨発行益がその分生まれるので、財政は悪化しないからだ。

そんなことをして、大丈夫かと思われる方もいるかもしれない。しかし、二〇一九年二月のマネタリーベース（現金＋日銀当座預金）の対前年伸び率は四・二パーセントだ。これは、民主党政権時代の強烈な金融引き締めを行っていた時代と同じレベルだ。金融緩和の出口論が議論されているが、日銀はとっくに出口を出てしまっている。日銀が国債購入を抑制している最大の理由は、買い取る国債のタマが不足しているからだ。無理して国債を購入すると、国債金利がマイナスになってしまうので、身動きが取れなくなっているのだ。だから、金融緩和で日本経済を正常に保つために、いま必要なものは新規国債、つまり財政赤字なのだ。

ただ、そういう話をすると、そんなことをしたらハイパーインフレになってしまうという見方をする人が多い。確かに、太平洋戦争のときには、戦時国債を日銀が大量に引き受けて、戦費にあてたため、高率のインフレがもたらされた。戦争中のどさくさで、正確な統計が残っていないのだが、日本政府が支出した戦費は、GDPの九倍と言われている。その大部分が日銀の国債引き受けに伴う通貨発行益だったと考えると、それくらいのことをやると高率のインフレが起きることになる。

しかし、現在の日銀の国債保有はGDPの金額にも達していない。だから、通貨発行益をインフレにせずに獲得できる天井は、相当高いと考えるべきだ。

景気動向指数が三ヶ月連続で悪化するなど、いま日本経済には不況の気配が着々と忍び寄っている。この状態で消費税増税などしたら、日本経済は再びデフレの悪夢にさらされることになる。

いまこそ、勇気を出して、消費税率の引き下げを国民の声として、共有すべきだろう。

他者を殴る棒

岸 政彦

きし・まさひこ

1967年大阪府生まれ。立命館大学大学院先端総合学術研究科教授。大阪市立大学大学院文学研究科博士課程単位取得退学。博士（文学）。専攻は社会学。著書に『同化と他者化　戦後沖縄の本土就職者たち』（ナカニシヤ出版）『街の人生』『マンゴーと手榴弾』（共に勁草書房）『断片的なものの社会学』（朝日出版社）『ビニール傘』（新潮社）『はじめての沖縄』（新曜社）などがある。

平成というものが終わったそうだ。年号など、計算が面倒なだけで本当にどうでもいい、興味がないのだが、とにかくその三〇年のあいだに、二〇歳だった私は五〇歳になった。私は、私の人生のど真ん中を、この年号とともに暮らしたことになる。ただの貧乏な学生だった私は、いつのまにか大学に就職し、本を書くようになった。そして今、自らの老いと死を意識するようになっている。

そして、この社会は、これからどうなるんだろうと思っている。

＊　＊　＊

大阪の場末の路地裏で暮らしてきたこの三〇年のあいだに、大阪という街は、どんどん没落していった。私が関西大学に入学したのは一九八七年、バブル経済に突入する頃で、身の回りにも景気の良い話が転がっていた。私は在学中にジャズミュージシャンの真似事をしていて、二回生ぐらいからギャラを貰ってウッドベースを人前で演奏するようになったのだが、一九八九年のクリスマスに、神戸の高級ホテルの、通路のような吹きさらしの場所で三〇分だけピアノトリオでクリスマスソングを適当に演奏したら、ひとり三万円貰えた。そういう時代だったのだ。一九九一年に大学を卒業するときには、どこで調べたのかわからないが、私のひとり暮らしのアパートに、一流企業からの大量の会社資料がダンボール箱で続々と届いていた。ジャズ研究会というサークルの同期も、みんな留年スレスレの最低レベルの成績だったのだが、誰でも知っている大企業に就職していった。そういう時代だった。

そしてそのあと、大阪の経済は急速に沈没していく。私は大学を卒業してから四年ほど日雇いの建築労働者をしていたのだが、日当がどんどん下がっていったことを覚えている。また、同時に小中学生向けの学習塾でもバイト講師をしていたが、その条件も急激に悪化していった。初めの頃は三〇〇〇円だった時給が、一九九五年か九六年頃には一五〇〇円ぐらいまで下がっていった。

九〇年代から〇〇年代にかけての、こうした没落の記憶が、私たち大阪市民の頭にはこびりついているのである。〇〇年代に多少は回復しつつあった経済も、リーマンショックによってふたたびどん底まで叩き落とされた。いまだに私たちは、デフレと不景気の恐怖に縛られたまま、未来に怯えながら毎日の暮らしを送っている。

デフレと不景気への恐怖は、ただちに財政均衡主義、あるいは緊縮財政論へとつながっていった。私たちにはもう、お金がないのだ。そして、私たちの国や、街にも、お金がない。こうした恐怖、不安、緊張のなかで、「一発逆転」をうたう強力な政治的リーダーが出現することになった。彼がおこなったことも、基本的には緊縮だ。公務員や教員を徹底的にバッシングし、市や府が所有する不動産を売り払い、地下鉄とバスを民営化した。結局のところ、維新の会が大阪でしたことは、こういうことだったのである。

吹田の万博記念公園のなかにかつて、児童文学館という建物があった。広大な公園の真ん中にひっそりと建つその図書館には、世界中の児童文学やその研究書がおさめられていた。私は偶然この図書館に出会い、大学生の頃に何度も何度も通った。そこで『ゲド戦記』や『指輪物語』という作品とも出会った。しかし、その強力なリーダーが大阪府知事になると、この図書館は「経費の無駄」という理由で、真っ先に廃止されてしまったのである。

平成の三〇年間を振り返ってみて、今思うことは、私たちには本当にお金がなかったのか、緊縮以外の道を選ぶことはできなかったのか、ということだ。最近の経済学者のなかには、松尾匡氏のように、必ずしも財政を均衡させなくても良いという考え方もある。大阪のこの三〇年の、没落と緊縮の過程を見てきた私たちにとって平成とは、まさにデフレと緊縮に振り回された時代だった。こうして大阪は、ゆとりのない、ギスギスした、他者に対して不寛容な街になってしまったのである。

そういう空気のなかで、橋下徹と維新の会が登場したのである。金がない、と言われたら、誰も何も言い返せない。財政赤字というものが、人を殴る棒のようになった。その棒で殴られたのは、教員、公務員、音楽家、芸術家、図書館、保育園、労働組合などの人びとだ。

＊　＊　＊

大阪だけではない。この国全体も、お金がないそうだ。

財政が赤字なのだ。そのため国債というもので借金をしている。その返済が大変なのだ、という。これが実は子どもの頃から理解できなかった。国がお金を借りている。誰に？　国民に。どうやって返すの。税金から。その税金は誰が払うの。国民。というところまで説明されてますます混乱する。いまだに混乱する。それ、ひとりの人の右手から左手にお金を移動させてるだけじゃないの。

子ども心に素朴に、借りたお金を返さなかったら、黒い服を着た怖いおじさんたちが家に来ると思っていた（素朴すぎるが）。国債を発行しすぎると、誰に叱られるんだろうか。具体的に誰からどのように取り立てが来るのだろう。

経済や財政の詳しいことについてはいくら勉強してもさっぱりわからないので、私がぼなんやり考えていることも、間違いが含まれているだろう。しかし、どうも最近の経済学などで、財政が赤字でも緊縮しなくても良い、あるいは、景気の悪いときはむしろ緊縮してはならない、という考え方もちゃんとあるらしい。いったいどうなっているんだろう。

財政が赤字だからもう政府はお金を出しませんよ、という考え方によって、誰か得をする人がいるのだろうか。ぼんやり考えていると、いろいろ見えてくる。

先日、LGBTの人たちは子どもをつくらないから「非生産的」だ、という、とんでもない暴言を吐いた政治家がいた。杉田水脈という人らしい。ある雑誌に掲載された、その文章を読んでみると、趣旨は要するに、「そういう人たちまで社会保障が面倒見られませんよ」ということだった。そういえば、憲法を改正して、もっと家族をつくって自分たちで自分たちの面倒を見させるようにしよう、という政治家も多い。これも要するに、国が国民の面倒を見ることをやめて自分たちで何とかしてほしい、ということである。

大学でもいろんなことがある。いちばん大きな変化は、書類が増えたということだ。これはひとつには、同じ大学の教員どうし、あるいは大学どうしで競わせて、研究費を獲得させるということをしているためだ。もう国には科学や学問のために出せるお金がないので、いちばん「生産性」が高そうなところを選択してそこに集中しますよ、ということである。

大阪でこの間何が起きていたかというと、公務員バッシングをして人びとの溜飲を下げた政治家が、大阪市を解体して市の予算を大阪府全体で使ってしまおう、という話だ。公務員バッシングも大阪市の解体も要するに同じ話で、つまりお金がないのである。

繰り返すが、私は難しいことはわからない。ただひたすら、単純に考えることしかできない。そして、最近の身の回りのいろいろなできごとを観察しているうちに、国の偉い人たちは、国にお金がないほうがいろいろと都合が良いのではないか、と思うようになった。どんな権威も権力も、お金がないんです、予算がないんですよ、だから仕方ないですね、というロジックに勝てるものはない。人びとをコントロールする上で、これほど有効なものはない。お金がない、ということによって、財務省は文科省に対して権限が強くなり、文科省は大学に対して権限が強くなり、大学は教員に対して権限が強くなる。だって、お金がないって言われたら、誰も言い返せないじゃないか。

驚くことに、かなりリベラルな方々でも、緊縮財政路線を守るほうが多い。もう日本は経済成長しない、財政も赤字で、人口は減ります、だからあとは、みんなで仲良く貧しくなりましょう。ある有名な社会学者がこう書いていて、心底驚いたことがある。

私たちは、騙されているだけなのではないだろうか。

＊＊＊

もう何年も何年も前の、うろ覚えのことで、手元にそれを確かめる資料も何もないから、ひょっとしたら間違っているかもしれないのだが、昔、ケント・ギルバートが完全にネトウヨタレントになってしまうよりもだいぶ前、定食屋かどこかで見かけたくだらないテレビ番組のなかで、公衆トイレの話をしていた。他にも数人のタレントがいたと思う。

公衆トイレ、とくに和式のやつの、水を流すレバーがわりと下のほうについているので、あれを手で押すよりも足で踏んじゃう人のほうが多い、という、本当にどうでもいい話をしていた。

どうでもいいトークの終わりに、司会のアナウンサーみたいな人が、足で踏むよりも、これからみんな手で押しましょうね、みたいな、どうでもいいまとめ方をしていた。

そのときケント・ギルバートが、意外なほど頑《かたく》なになって、みんなが足で踏んでるときに自分だけ手で押すと「損をする」ので、みんなが手で押すようになるまで、自分は絶対に足で踏む、と強く言った。そこだけはどうでも良くない、という感じで、なんでこの人、ここだけムキにならはったんやろと、なんとなくそのときに印象に残った。

もうひとつある。これも何年も前のことで、間違えてるかもしれない。昔、松本人志が、これはもうそろそろ今みたいな、露骨に弱肉強食的で自己責任論的な権威主義者になってきた頃の話だったと思うが、これもどこかで目にしたんだけど（YouTubeだったかもしれない）、どこかのバーで女の子と飲んでいて、ふとみるとその子の背中に「G」が付いていた。名前を書くのも嫌なので、「G」と表記するが、あの黒い連中である。

それで、へえ、と思ったのが、松本人志が「そんな女、嫌やん」と、その女の子を責めていたことだった。これは何というか、斬新というか、これまで聞いたことのないロジックだなと思った。「だってそいつ、運が悪いやん。そんな運の悪い女と、付き合いたくないやん」

かなり驚いた。気づかないうちに背中に「G」が付いている、というのは、確かにとてもお気の毒な、かわいそうな状況なのだが、誰がどう考えても彼女のせいではないのに、「運が悪い」という概念をあいだに挟んで、その、誰がどう見ても彼女のものではない状況の責任を、躊躇なく彼女に帰属させていたのだった。その躊躇のなさ、割り切りの良さに驚いたし、悪い意味でのその決断力に、なかば感心した。これほどの「えげつない考え方」がこの世に存在するとは思わなかった。

ケント・ギルバートについては金に困ってネトウヨになったのだ、みたいな話もたくさん言われているし（本当かどうかは知らない）、松本人志については、ガキの頃大ファンだったので最近の言動についてはもうガッカリしているという他なくて、頂点に立つと人はこうも腐敗するのかと思うばかりだが、いずれにせよその「原因」についてはよくわからないけれども、片方は中国や韓国に対するヘイトスピーチで、もう片方は弱者や負け組に対する冷酷な自己責任論で、見た目は違うけど、底のほうに共通する何かがある。自分は絶対に損をしたくない、一ミリも他人に奪われたくない、という、強い思いである。

もちろん、普通は誰でも自分は損をしたくないと思っているのだが、それが異常に、不自然なほど強い人というのがたまにいて、いつもその奇妙なロジックに驚く。そういえば松本人志はつい最近、自殺した一〇代の女性アイドルのことを「死んだら負け」と表現していて、かなり炎上していた。勝ちや負け、という言葉で、世界のいろいろ複雑なことを単純化して語るのも、こういう人たちがよくやることだ。負けたやつはそいつが悪いし、勝ったら何をしてもいい。そういえば橋下徹もそういう感じだった。

杉田水脈の雑文も、あれは性的マイノリティの人たちを、なにか劣った、汚れた存在としてストレートに差別するというよりも、「そういう人たちにお金を使うのをやめましょう」というロジックだった。排除された人びとや、逸脱した人びとに対して、その「標準から外れていること」を責めるのではなく、まあ、そう読める部分もたくさんあるが、少なくとも全体の論旨は、そういう人たちに国の予算を使うのをやめましょう、という話だったと記憶している。

誰しも思ったことだと思うが、まず最初に頭に浮かんだのは、誰が予算を使ってるって？　という、素朴な疑問だった。もうこれ以上、予算を使うのをやめましょう……？　いやちょっと待て。そもそもそういう人たちに、ほとんどまったく、何の予算も使ってないのがこの国ではないのか。

国の予算がない。財政が赤字だ。だから、支出を抑えて、「選択と集中」をしなければならない。もう、福祉とか教育とか文化とか言ってる場合ではない。こういう考え方や、こういう考え方が集まってできた雰囲気みたいなものを、「緊縮文化」と呼んでいる。もう私たちにはお金がないのだ。だから、これからは、自分のことは自分でやるのだ。

いつも思い出す漫画があって、漫画史上だけでなくおよそあらゆる文化生産物の歴史のなかでも頂点に位置する名作だと思うのだけど、楳図かずおの『漂流教室』のなかに、こういうシーンがある。巨大な地震の衝撃によって時空間に穴があき、小学校ごと人類が滅亡した砂漠の未来へ吹き飛ばされてしまった高松翔たちを襲う、数々の試練！　迫りくる砂漠の未来モンスター、ペスト、仲間割れ、そして飢餓！　のような、手に汗握る大スペクタクル&人間ドラマで、小学校のときから今の今まで愛読しているのだが、この漫画の最後のほうで、もう水も食料もない、怪物やミイラやペストとの戦いに疲れ果てた小学生たちが、わずかに残された食料を、全員に公平に分配する。そして、もう解散しよう、ということになるのだ。全員に公平に分配された食料を持って、もうあとは、各自が各自で勝手に生き延びてください。もう私たちは、何もできません。

社会保障をともなわない、純粋な貨幣の分配としてのベーシック・インカムの話を聞くと、いつも『漂流教室』のこのシーンが思い浮かぶ。

人類が滅亡して砂漠になった未来に比べたら、今の日本にはもうすこしゆとりや余裕というものがあるだろう、と思う。排外主義や権威主義の根底にある緊縮文化を垣間見ると、いつもそう思う。負担を共有することの断固たる拒否、他者に対するあからさまな敵意、世界のすべてを勝ちか負けかで判断する態度、こういうものの中心にあるのが、もうこの国には、あるいはもっと、もうこの世界にはお金がないんです、という強固な信念で、この信念がさまざまなヘイトスピーチや自己責任論を生み出して、全体として緊縮文化とでもいうべきものができあがってしまった。あるいは逆に、緊縮というものは、あるいは財政均衡主義というものは、「他者を殴る棒」でしかないのかもしれないとも思う。お金がないんだよ、という大義名分があれば、私たちはいくらでも他者を、弱者を、少数者を殴ることができるのだ。

そしてそういう、「他者を殴るための棒」のひとつとしての、恥知らずなほどのあからさまで露骨な、文章とも言えないようなドロドロしたどす黒い何かをこの世界に広めることに寄与したメディアのひとつが、文芸とか文学とか呼ばれる業界のなかでもっとも権威ある出版社である新潮社だったということが、多くの人びとを傷つけることになった。そのあと、強烈な反対運動が巻き起こって、杉田水脈のゴミのような文を掲載した『新潮45』は、めでたく廃刊になった。

『新潮45』が廃刊になったことで、あれはただ売れない雑誌を「トカゲのしっぽ切り」しただけだとか、廃刊にするのではなく検証して責任の所在を明確にしなければならないとか、いろいろな意見があるけれども、私は廃刊になっただけでもかなりほっとした。それで良かったとは決して言わないけれども、いくら炎上しても皆様元気にあいかわらずのことを発言しておられるので、ひとつの媒体がなくなったというだけで、相当ほっとしている。ほっとしてる、というのも、妙な言い方だが。どういう言い方をすれば良いのか、いまだによくわからないので、こんな曖昧な言い方しかできない。しかし、つい先日コンビニで『週刊新潮』を立ち読みしたら、櫻井よしこが、沖縄の人びとが米軍基地に反対するのは「沖縄の人びとの責任逃れ」であると、元気に主張している。高山正之のヘイトエッセーも連載されていて、新潮社から何冊も単行本になっている。

＊　＊　＊

もし、賭けるべき何かがあるとすれば、「リフレと反緊縮」しかない。自由も、連帯も、財政的な裏付けなしには実現できない。保守的な政治家が「わが国の伝統的な家族を守ろう」と叫ぶとき、それはただ単に、もう社会保障に回す金がない、と言っているだけなのだ。あとは自分でやってください。ただ、ここで問題なのは、ここからは虐待される子どもたち、殴られる妻たち、結婚制度から排除される性的少数者たちの姿が、まったく見えなくなるということだ。金がないから自分たちでやってください。そういえば、女性たちは昔から家庭内でタダ働きしてたよね。ちょうどいい、じゃあこれまで通り、女性たちには無料で出産や育児や介護や看取りをやってもらおう。それで何か文句が出たら、家族への愛情が足りないとか、非国民だとか言えばいい。

国や自治体に金がないから、自分たちでやってくれ、と言う。しかしこの「自分たち」は、平等ではない。女性やマイノリティや貧困層など、より負担が集中する人びとがいて、そういう人たちは、伝統的家族とか自立した市民とかのような綺麗事で存在を否定されてしまっているのだ。

逆に、少数者を抑圧し排除して、そのことによって大衆からの支持を動員しようとする人がいたとすれば、その人にとって財政難や緊縮論は、これ以上ないほど強力な武器になるだろう。たぶんその人にとっては、財政赤字は「大きいほどありがたい」ものになるに違いない。

結局は、自分は自分の場所でできることを淡々と気長にやっていくしかない、ということでしかないのだろうが、それにしても、いつからこんなに貧しい、さもしい、卑しい国になってしまったんだろうと思う。

初出：毎日新聞（「平成」二〇一八年一二月一二日、大阪版夕刊）／朝日新聞（「思考のプリズム」二〇一八年八月二二日朝刊）／『新潮』（「権威主義・排外主義としての財政均衡主義」二〇一八年一二月号）をもとに加筆再構成

わたしにとっての反緊縮

生活から政治を語る

西郷南海子

さいごう・みなこ

1987年生まれ。京都大学大学院教育学研究科博士課程在籍。2015年~2018年、日本学術振興会特別研究員。専門は、アメリカの哲学者ジョン・デューイの民主主義論・美的経験論。絵本に『だれのこどももころさせない』(浜田桂子と共著、かもがわ出版)。

このひっくり返った社会を、ひっくり返したい

わたしは三人の子どもの母として、また一人の大学院生として、これまで様々な社会運動に関わってきました。脱原発や安保法制廃止の運動など、自分でも数え切れないほどの活動に参加してきましたが、それらに一貫しているのは、「このひっくり返った社会を、ひっくり返したい」という思いです。わたしが事務局長をつとめる反緊縮の経済政策を掲げる運動「薔薇マークキャンペーン」もその一つです。

おそらくわたしだけでなく多くの人が、この社会は何か肝心なところが間違っていると感じながら暮らしていると思います。あるいはそう感じながらも、感じること自体に疲れて、あまり考えないようにしているのではないでしょうか。経済の仕組みは理解不能なほど複雑だし、政治の世界は手が届かないほど遠い。そうした世界には関わらずに、できるだけ淡々と日々の生活を送るというのが一つの「現実的」な選択肢であることは間違いありません。

ではなぜ自分は社会運動をやめないのか。それはわたしの手の中には過去の人たちから託されたバトンがあるからです。振り返ればほんの一〇〇年前、世界のほとんどの国の女性に参政権はありませんでした。世の中の半分は女性のはずですが、女性が政治に対して

意見を言うことは「どうかしている」と思われていたのです。そうした世の中の思い込みに対して、体当たりで挑んだ女性たちがいました。選挙前になれば、我が家のポストには選挙管理委員会からハガキが届きます。機械的に印刷された一枚のハガキですが、わたしにはこれが一〇〇年前の女性たちからの贈り物のように感じられます。

こうして一〇〇年スパンで物事を考えたとき、わたしたちは未来の人たちに何を手渡せるでしょうか。今のままでは「そんなことをやっていたの？」と言われかねないことがたくさんあります。発電用の水蒸気を作るためにわざわざ核燃料を燃やしていたことや、食べ物が有り余っているのに飢えている人がいたことなど、このほかにも山ほどあるはずです。人々のために財政があるのではなく、財政規律のために人々が犠牲になっているというのも、その一つでしょう。ここで肝心なのは、未来の人たちに「そんなことをやっていたの？」と言われないためには、この世代でそれを終わらせなければならないということです。わたしにとってそれは、子どもをこの世に送り出した自分の責任であり、どうしても叶えたいことの一つなのです。

子育ての現場から政治を語る

わたしには三人の子どもがいますが、三回目の出産のときの忘れられないエピソードがあります。今回も安産だろうとたかをくくっていたわたしに助産師さんがこう言いました。「お母さんにとっては三回目かもしれないけれど、この子にとっては初めてなのよ」。それを聞いてハッとしました。自分がこれから産もうとしている人は、まだ生まれたことのない人で、その人にとってはこの世界は初めての場所なのだと。人は一度しか生まれることができないし、一度しか生きることができません。では、わたしには何ができるだろう。その一度きりの生を迎え入れる社会が、温かな場所であってほしい。少なくとも、人を交換可能な部品のように扱う社会であってはならないと強く思うようになりました。

こうした一人ひとりの生のかけがえのなさは、日本国憲法にもしっかり謳《うた》われています。憲法一三条の「幸福追求権」や二五条の「生存権」もそうです。しかし、憲法にどれほど良いことが書いてあったとしても、時の権力者によってたやすく骨抜きにされてしまうということをわたしたちは目の当たりにしてきました。その一つが二〇一五年の安保法制でした。

安倍政権は憲法解釈を変えて、それまで日本にはなかったはずの集団的自衛権というものを作り出しました。解釈で変えられるようなものであれば、そもそも憲法などいらないということになってしまいます。その集団的自衛権の範囲はどこまでなのかという野党の追及に対しても、きちんとした答弁がなされることはありませんでした。このことに対して、各界から強い抗議の声が上がりました。わたしも見ているだけではダメだと思い、同年七月に「安保関連法案に反対するママの会」をまずは一人で立ち上げました。すると、SNSでの賛同の輪が一瞬のうちに全国へと広がり、合言葉「だれの子どももころさせない」が生まれました。そして約二万人ものお母さんたちからメッセージが集まり、国会へ持って行くことができました。

安保関連法案の審議の中では、お手玉を右手から左手に移すような言葉遊びが繰り返されましたが、そのことに対してわたしたちは怒りました。それは、かつての戦争で亡くなった人々の存在がないがしろにされていることへの怒りであり、自衛隊員の命がないがしろにされていることへの怒りでした。すべての政治の前提であるはずの「命の重さ」が共有されていないことへの憤りが、お母さんたちの足をそれぞれの街のデモへ、そして国会前へと動かしました。わたしたちは政治の「専門家」ではないけれど、政治について語っていい。なぜならわたしたちこそが「主権者」だからということに気がついた瞬間でした。

わたしは、国会の審議の中で、人の命がまるで交換可能な部品のように扱われていることに、耐えられませんでした。ただでさえ、子ども一人を育て上げることがこんなにも大変なのに。今日の「ワンオペ育児」は文字通り壮絶です。現在の日本では、多くのお母さんは子どもを産むと退職あるいは非正規職になり、長時間労働の夫を支えるという形になっています。そもそも生物学的に未熟な状態で生まれてくる赤ちゃんを育てるためにヒトは共同体を持つようになったはずなのに、今ではお母さん一人に育児の負担が集中しています。その中でたくさんのお母さんたちが毎日泣きたくなるような思いで子育てしています。自分の子どもの命の重さに押しつぶされそうになっているといっても過言ではないでしょう。

2015年7月、ママの会の渋谷ジャックにて

　その上にのしかかってくる経済的な不安。子どもを保育園に入れようと思っても就労証明がないと入れない。でも保育園が決まっていないと

就労証明がもらえない。この現状は一体何なんだと思ってもぶつける先がありません。「ニワトリが先かタマゴが先か」どころか両方とも叩きつぶしてしまうような生活の苦しさ。「保育園落ちた日本死ね!!!」という強烈なタイトルのブログが話題になりましたが、この言葉の組み合わせでしか言い表せない憤りがあるのです。一体わたしたちは何のために、子どもを産み、何のための働いているのでしょうか。

憲法には、まだまだ達成されていない大切な理念がぎっしりと書き込まれています。しかしそれらを守る義務のある政治家がそれらを放棄しているとき、憲法を守らせる力は一体どこにあるのでしょうか。国会前に集まって声を上げることももちろん重要です。でもそのことによって国会の中身が変わるわけではありません。政治を変えるためには、自分の居場所から行動するほかないというのがわたしの至った結論でした。わたし自身の生活の言葉で政治を語ることで仲間を増やしたい。そして「この人はわたしたちの代表だ!」と思えるような人を国会に送り込みたい。さらには国会の中で生活の言葉を響かせたい。そしてその言葉を耳にした人に、政治は変えられるということを感じてほしい。こんなことを考えながら、わたしは選挙に関わるようになりました。

わたしたちは何も望めないのか？

こうして安保法制以降、投票に行くだけでなく選挙を作る側に回るということがわたしにとっては当たり前になりました。その一方で、もどかしさも常に感じていました。というのも、議会政治の主導権はもちろん与党にあり、野党にできるのはそれに抵抗することだからです。野党サイドからの発信は、どうしても「反〇〇」にならざるを得ません。しかし「反〇〇」というメッセージを理解できるのは「〇〇」の部分を理解している人だけであり、最初から対象が狭くなってしまいます。選挙戦の中でポスターやチラシの文言を考える機会が何度もありましたが、何かポジティブなことを打ち出そうとしてもその根拠のなさが透けて見えるようで悩みました。まちがった政策一つ一つに反対することはもちろん必要ですが、個別の課題を超えてどういう世の中を作りたいのかを十分に語れない自分が悔しかったです。

そうした左派・リベラルの弱さが、とりわけ経済政策の弱さに表れていることに気づいたのは、実はとても個人的なことがきっかけでした。身も蓋もない話ですが、大学院生としてわたし自身のお金が尽きたのです。博士課程の三年間は、幸い研究員として採用されていたため生活費に困ることはなかったのですが、その期間が終わった途端、貯金を切り崩す生活になりました。入ってくるお金がない以上、出るものを抑えるしかありません。コンビニに入ってふとお菓子が食べたいなと思っても、その百数十円をめぐって「買うか、買わないか、やっぱり買わない」の押し問答を頭の中で行わなければなりません。これが生活全般について回るのです。

生活のあらゆる場面で「買えるか、買えないか」の決断を強いられ続けると、疲れ果ててしまいます。こうして気持ちの面でもじりじりと「居場所のなさ」に追い込まれていきます。日本では若者の死因の第一位は自殺ですが、「いっそ消えてしまいたい」という思考回路に陥らざるを得ない環境があるのではないでしょうか。こうした「先の見えなさ」は、研究職に限らず、不安定な雇用を強いられている人たちに共通していると思います。

ところが、このような状況を批判するどころか肯定するかのように、いわゆる左派・リベラルの一部では、日本経済はもう成長することはないから、欲張りにならずにみんなで少しずつ貧しくなっていくことを受け入れようという主張がなされています。欲張りにならずに、と言われると、「やっぱりそうなのかな」と思ってしまいます。しかし、お金を求めずに生きることを主張できる人たちは、何かしらの余裕がある人たち、能力や人間関係に恵まれた人たちなのではないでしょうか。そうした考慮なしには、このような主張は自己責任論の焼き直しになってしまう危険性があります。たとえば「昔は地域で助け合って子育てをしていた」という言説がありますが、現代社会においてそれをよみがえらせようとしても到底無理な話です。なぜなら本当に生活の苦しい人たちは、そうしたところからすでに切り離されてしまっているからです。お金では手に入らないものがたくさんあるのは事実ですが、お金さえあれば手に入るものが多くあるのもまた事実なのです。

このように人々の生活がいかにお金に規定されているかを直視せず、左派・リベラルが「憲法を守ろう」「人権を大切に」と選挙で訴えても、本当に生活の苦しい人とは問題意識のレベルがかみ合わないのではないでしょうか。あるいは国家予算の配分を変えようという主張も、そもそもパイ自体が縮んでいくという中では、率直に言って魅力に乏しいのではないでしょうか。それに加え、生活の様々な場面で自分が持つ社会的な力を実感する機会に恵まれていなかったら、わざわざ休日に投票所に行こうという気持ちすら起こらなくなってしまうでしょう。投票率が五割にも満たず、もはや選挙に行く人の方がマイノリティーという状況を、わたしはこのように見ています。

こうした中で、わたしは「反緊縮」という考え方に出会い（これもまた「反○○」ですが！）、これでやっと裏づけのある希望を語れるという安心感を得ることができました。子どもの頃から、日本の年金制度は破綻する、日本の財政赤字は膨れ上がっていると聞いて育ってきたので、わたしたちの世代は経済的に何かを望むことはできないのだと思っていました。そして自分の身は自分で守るしかないという自己責任論を信じてきました。しかし、日本にはお金がないというのは間違いで、お金は刷って世の中に流すことができるのです。むしろ国の重要な役割の一つは、人々に回るお金の量を、景気を見ながら調節することなのです。このことを知って「反緊縮、これでいこう！」という気持ちが自分の中にムクムクと湧いてきました。

学びたい、働きたい、家族を持ちたいという願いは、「贅沢」でもなんでもありません。人として当たり前の願いです。これらの願いが経済的に断ち切られている現状は、反緊縮の経済政策によって変えることができます。それは単に「弱者」を救うためだけではありません。そうすることによって、多くの人々の暮らしが良い方向に回り始めるのです。わたしたちは今よりももっと良い生活、余裕のある生活、豊かな生活を求める権利があります。そうした当たり前の願いを持つことを「贅沢」だと思わされていることこそが、「緊縮マインド」なのです。反緊縮の魅力は、社会保障や医療、教育を、一人ひとりの権利としてだけでなく、経済の好循環を生み出す原動力に位置づけているところにあると感じています。

生きるための経済を

わたしが目指すところは、極めてシンプルです。この転倒した社会を元の形に戻すということです。ここでは「元の形」という表現をしてみましたが、物心をついたときから自己責任論を刷り込まれてきた世代であるわたし自身、そんな社会はまだ見たことがありません。だからこそ取り組む価値があると思っています。

二〇一九年春、わたしは松尾匡先生のお誘いで「薔薇マークキャンペーン」[※1]の呼びかけ人になり、さらには事務局長に就任しました。欧米での盛んな反緊縮運動に励まされるのと同時に、羨ましがっているだけではダメだ、この日本でも反緊縮の旗を立てたいという思いから参加を決めました。「財政のために人々の暮らしがあるのではなく、人々の暮らしのために財政がある」とは松尾先生の言葉ですが、それを聞いたときにはドキッとさせられるものがありました。わたしたちがいかに「緊縮マインド」に染まってきたかを痛感しています。

「薔薇マークキャンペーン」とは、反緊縮の経済政策[※2]を掲げる候補者たちに「薔薇マーク」を認定し、人々の生の尊厳を経済の観点からも守っていこうとするキャンペーンです。これまで日本の社会運動では「生の尊厳」と「経済成長」が対極にあるものとして語られ

2019年2月、「薔薇マークキャンペーン」発足記者会見（衆議院議員会館）にて。一番左が著者

がちでした。実際に資本主義経済の下では、無数の労働者が痛めつけられ、自然が傷つけられてきました。でも、だからといって経済を語ることを避けていては、問題は解決しません。経済が人々を痛めつけているからこそ、わたしたちは経済を語らなければならないのです。バーニー・サンダースやアレクサンドリア・オカシオ＝コルテスの演説がなぜあれほどまでに希望に満ちているのか。それは、彼ら彼女らが語る「justice（正義・公正）」には経済学的な裏づけがあるからです。その裏づけの強さが、多くの人々を惹きつけているのです。

お金がないから生きられないという社会を変えるために、そして自分自身が

「わたしはここにいてもいいんだ」と思えるような社会を作るために、わたしは反緊縮を選びます。そしてすべての人々が「自分は生きていてもいいんだ」と思えるような社会を、子どもたちに手渡したいと思います。

※1　「薔薇マークキャンペーン」の詳細についてはＨＰ（https://rosemark.jp/）をご参照ください。

※2　「薔薇マークキャンペーン」の認定基準となる反緊縮の経済政策の枠組みは下記になります。下記の認定基準の（1）から（6）に反するものが一つもなく、そのうち三つ以上を経済政策として打ち出している候補者を認定します。

1　消費税の一〇パーセント増税凍結（むしろ景気対策として五パーセントに減税することを掲げるのが望ましい。ただしこれは認定条件ではない）

2　人々の生活健全化を第一に、社会保障・医療・介護・保育・教育・防災への大胆な財政出動を行い、それによって経済を底上げして、質の良い雇用を大量に創出する（国政候補は「大量失業が続く不況時代には二度と戻さない」と掲げることが望ましい）

3　最低賃金を引き上げ、労働基準を強化して長時間労働や賃金抑制を強制する企業を根絶し、人権侵害を引き起こしている外国人技能実習制度は廃止する。

4　大企業・富裕層の課税強化（所得税、法人税等）など、「力」の強弱に応じた「公正」な税制度を実現する。

5　（4）の増税が実現するまでの間、（2）の支出のために、国債を発行してなるべく低コストで資金調達することと矛盾する政策方針を掲げない。

6　公共インフラのいっそうの充実を図るとともに、公費による運営を堅持する。

政府の借金なくしてデフレ脱却なし

井上智洋

いのうえ・ともひろ

駒澤大学経済学部准教授。博士（経済学）。専門はマクロ経済学、貨幣経済理論、成長理論。慶應義塾大学環境情報学部卒業、早稲田大学大学院経済学研究科博士課程単位取得退学。著書に『ヘリコプターマネー』（日本経済新聞出版社）『「人工超知能」　生命と機械の間にあるもの』（秀和システム）『人工知能と経済の未来　2030年雇用大崩壊』（文春新書）『AI時代の新・ベーシックインカム論』（光文社新書）など多数。

デフレ不況はどうして起こるのか

経済政策で一番大事なのは、失業を減らすことです。GDPを増やすこと自体よりも失業を減らすことのほうが大事です。精神的なストレスとしては、失業はこの世の中で一番大きなものの一つと言えるでしょう。景気が悪くなって失業者が増えると自殺率も増えます。だから、政府は経済政策としては失業を減らすことを、第一の目標に掲げるべきだと考えています。

デフレ不況というのは世の中の需要不足によって起こっています。たとえば、私たちが日々得ている「所得」というものがどこからやってくるか考えてみてください。それは、誰か別の人の「支出」からやってきています。私たちがモノをつくって売って得たお金が、私たちの所得の源泉になるわけですが、そのためにはまず誰かがモノを買ってくれないといけません。モノが売れて仕方がないというのが好景気、モノが売れなくて困ってしまうというのが不景気です。もし誰もモノを買ってくれなければ、売り上げが上がらず、所得も上がらないので、人々はますますモノを買うことを控えるようになります。こうした悪循環によって、デフレ不況は深刻化していきます。

こういう状況を解消するためには、世の中の支出が増えないといけません。それを大規模に行うことができる主体は誰かといえば、政府ということになるでしょう。つまり、不況を解消するためには政府は大規模な財政支出をして需要を作り出す必要があるわけです。これがケインズという経済学者が言ったことであり、一般的なマクロ経済学の教科書に書いてあることでもあります。

ただ、いまの日本では、そうするとすぐに「財源がない、政府の借金が一一〇〇兆円もあるのに財政支出なんてできない」という話になってしまいます。このような「財源がないから財政支出なんてできない」という考えこそが、典型的に緊縮的なものの考え方です。私は、こうした考えは間違っていると思っています。

日本は財政的に健全である

私は日本の借金に関してはまったく心配していません。政府がかなりの額の資産を持っているということをまずは考慮すべきでしょう。「借金というなら、資産との差し引きを考えろ」というわけです。しかしながら、私がそれよりも重視しているのは、政府の借金の証書である国債の保有状態です。国債を持っている人が、政府にお金を貸している人になるわけです。

図1　政府の債務残高と日銀が保有する国債残高

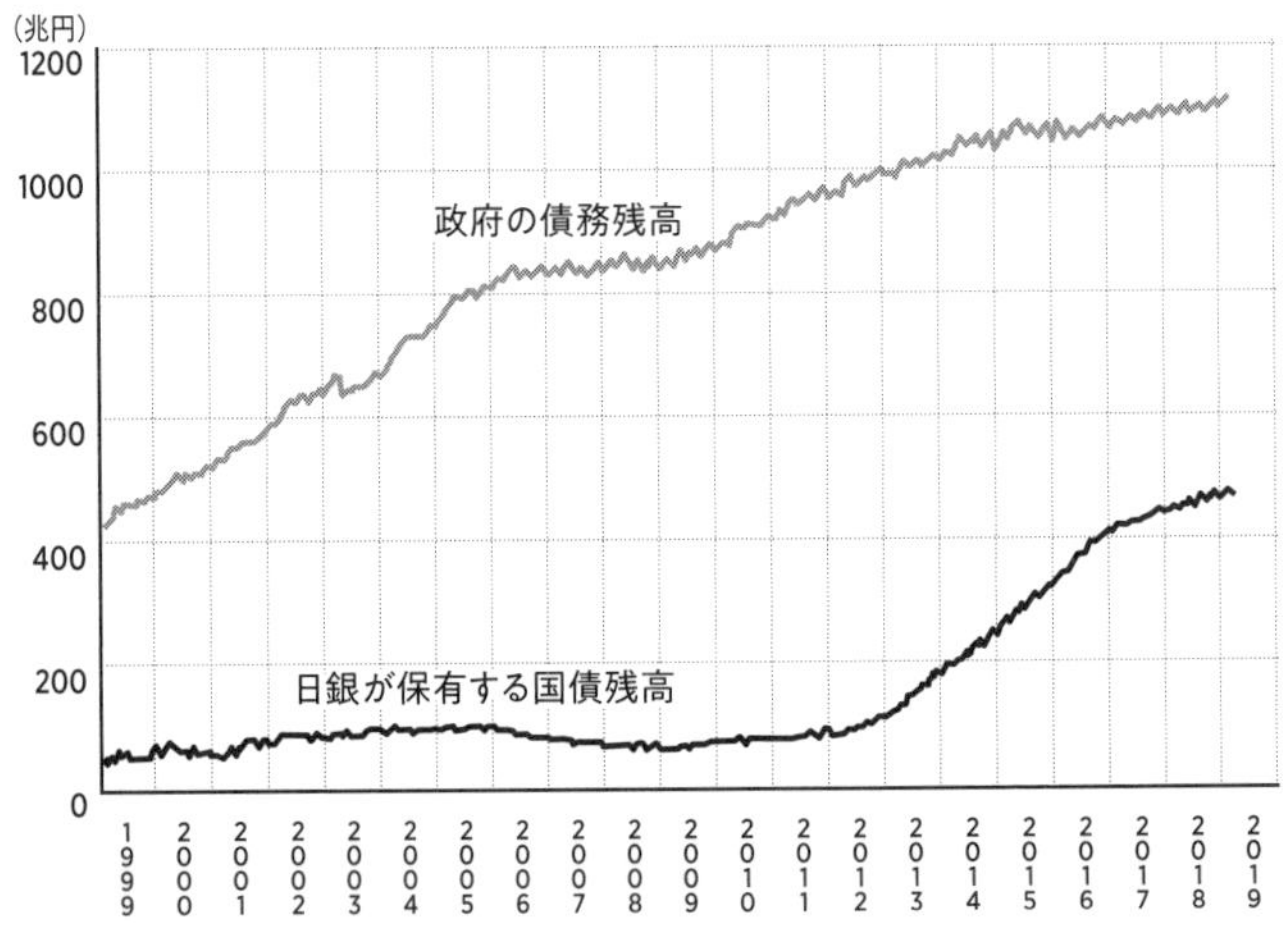

出典：日本銀行ホームページ

いま、日銀は金融緩和によって市中にある国債をどんどん買い取っています。図1を見てみると、たしかに政府の債務残高は増えていっていますが、他方で日銀保有の国債の残高も増えていって、現在では五〇〇兆円に迫っているということがわかります。

現在の政府の資産は六〇〇兆円ぐらいあります。そうすると、大雑把に言えば、一一〇〇兆円から六〇〇兆円を引いて計算すると、純債務が五〇〇兆円あることになります。しかし、いま日銀が保有している国債が五〇〇兆円近くになっています。五〇〇兆円引く五〇〇兆円はゼロだから、これは言いかえれば国の借金がいまゼロに近いということなのです。

したがって、「いま国の借金はない」というふうに思っていただいても構いません。こういわれると「そんなバカな！」と思う人も多いでしょうし、「政府が借金をして、その借金を日銀のほうに付け替えただけで、これでは借金がなくなったことにならないじゃないか」と疑問に思う人もいるでしょう。

でも、いまは日銀が市中にある国債をどんどん買い取っているわけですから、その分については、「政府が日銀に借金をしている」ということになります。そこで、想い起こしていただきたいのは、そもそも日銀と政府ってどっちも国の機関じゃないかということです。

これは「一つの家庭の中でお父さんがお母さんに借金している状態」だとイメージしてもらえれば良いと思います。お父さんとお母さんの合意さえあれば、「借金はチャラにしよう」ということもできます。このように、政府と日銀を一つの家庭というふうに見なしたときに、借金は別に問題にならないわけです。これはマクロ経済学の中では「統合政府」という言葉で表されています。つまり、政府と中央銀行を統合して考えるというものです。この統合政府という概念はマクロ経済学者にしかなじみがなくて、残念ながらまだ広く国民には知られていません。

そもそも政府の借金は悪いことなのか？

ここで、そもそも「政府の借金は良いことなのか、悪いことなのか」という話をしてみましょう。一般には、借金というのはとても悪いことのように思われていますが、政府の借金に関して言えば、「良いこと」というか、「必要なこと」なのです。そのことをご理解いただくために、まず、国債発行の仕組みについてご説明しましょう。

政府が国債を発行したときに、それを民間銀行に買ってもらうことが多いのですが、いったん民間銀行に政府が国債を買わせて、中央銀行（日銀）が民間銀行から国債を買い入れて、その対価として発行したお金を供給するやり方があります。これは、「買いオペレーション（買いオペ）」と呼ばれているものです。最近の日銀は金融緩和政策としてこの買いオペを強力に実施してきました。

ただし、買いオペ自体は日銀が日常的にやってきたことです。つまり、不況になったら、市中にある国債を買い取ってお金を供給します。逆に、好況時にインフレ気味になったら、日銀は手持ちの国債を市中に売ります。こちらは「売りオペレーション（売りオペ）」と呼ばれています。中央銀行の主な仕事は、この買いオペや売りオペによって、世の中に出回るお金の量をコントロールすることなのです。

それで、いま世の中に出回っている一万円札とか、千円札などの現金や預金といったお金「マネーストック」（＝現金＋預金）がどこから来たのかといえば、日銀が主に国債を買って供給したお金「マネタリーベース」（＝預金準備＋現金）が元になっています。これは、「世の中にお金が流通している限り、その背後には政府、そして中央銀行の借金がある」ということを意味します。どういうことでしょうか？

皆さんが持っているお札、たとえば福沢諭吉などが印刷されているお札は「日本銀行券」と呼ばれています。実はこの日本銀行券は、形式上は日本銀行の借金の証書のようなものにあたります。でも、これはちょっと不可解な話です。

たしかに、日本銀行券は形式上は日銀の債務となります。しかし、日本銀行券を実質的には借金と見なすべきではないというのが、私の考えです。なぜかと言うと、もし「お札というのは日本銀行の借金だから、借金をなくすべきだ」という考えに人々が走ってしまった場合に起こるのは、「世の中からお金が消滅する」ということだからです。世の中にお金が流通しなくなったら、市場経済は成り立たなくなって、何万人もの人が飢えて亡くなるかもわかりません。

先にご説明したように、マネタリーベースの背後には政府の債務である国債があります。しかし、そもそも政府の借金はいけないことなのでしょうか？

政府の借金があったとしても、「So What?（だから何？）」というわけで、実はそのこと自体に良いも悪いもないのです。だから、政府の借金をできる限りなくそう、というのは意味のない努力かもしれません。

政府の借金が問題になるとすれば、たとえば金利がかなり高くなって、金利返済額が雪だるま式に増えていくような状況が考えられます。たしかに、これはちょっと危険です。なぜなら、その金利分を国民が税金で払っていかなくてはいけなくなるからです。そうすると、その金利を得ているほうの経済主体（それは銀行かもしれないし、資産家かもしれません）に所得の分配がなされてしまうことになります。労働者が汗水たらしたお金が資産家の金利のほうに消えていくということになりかねないので、（国民全体で見ればプラマイゼロですが）これはやはり望ましいことではないでしょう。

「このまま政府の借金が増えていくと、いずれ金利が高くなって、政府はデフォルト（債務不履行）を起こす」という緊縮論者もいますが、いまのように金融緩和を続けてもデフレから完全には脱却できず、金利がほぼゼロのままという状況では、現実的にそんなことは起こらないでしょう。したがって、現状では政府の借金は何も悪くないことになります。

ブタ積みによりお金が出回らなくなっている

歴史的に見て、世の中に出回るお金の量「マネーストック」が、増えたり減ったりするだけで、長期的に景気が良くなったり悪くなったりするというのは実際に何度も起こっていることです。貨幣量が人口動態に影響を与える、ということすら起きています。

お金の量を増やすというと、金融緩和を思い浮かべる人が多いと思います。もちろん金融緩和はとても重要な政策です。先ほど述べたように、デフレ不況というのは世の中全体の消費が不足してしまうことなので、金融緩和によって世の中に出回るお金を増やして、金利を下げることによって、民間企業がお金を借りやすくしたり、使いやすくしたりするということは、とても大切です。

しかし、これまで日本で起きていたのは、日銀が金融緩和によって民間銀行にお金を供給しているけれども、その民間銀行のところでお金が止まってしまって、そこから企業にあまりお金が流れていかない、企業も内部留保を溜めているので、企業から家計、消費者にお金が回っていかず、消費需要があまり増えていっていない、という状況です。つまり、日銀が金融緩和をしても、世の中に出回っているお金が十分に増えていないということです。

民間銀行は日本銀行のような中央銀行に対して、当座預金を持っています。我々市民は民間銀行に預金を預けていますが、民間銀行は中央銀行にさらに預金を預けています。中央銀行は「銀行の銀行」という役割があるわけです。日銀は、金融緩和によって民間銀行などが持っている国債を買い取って、この当座預金にお金を振り込むということ、つまり買いオペを実施しています。しかし、実はここで日銀が増やしているのは、世の中に出回っているお金である「マネーストック」ではなく、民間銀行が日銀に預けている預金準備も含めたお金、つまり「マネタリーベース」です。

通常は、このマネタリーベースを増やすことによって、民間銀行は企業にお金を貸し付けしやすくなるので、やがて世の中にお金が出回るようになって、マネーストックも増えるようになります。しかし、バブル崩壊以降の日本ではマネタリーベースを劇的に増やしたときですら、マネーストックのほうはあまり増えていません。つまり、マネタリーベースの増大率とマネーストックの増大率の間の「デカップリング（乖離）」が起きています。

マネタリーベースとマネーストックの増大率を比較すると図2のようになります。点線のほうがマネタリーベースの増大率、実線のほうがマネーストックの増大率ですが、金融緩和をガンガンに行ってマネタリーベースの増大率をすごく増やしても、マネーストックの増大率のほうは低いところでずっと安定しているという状況になっています。過去一〇

図2　マネーストックの増大率とマネタリーベースの増大率

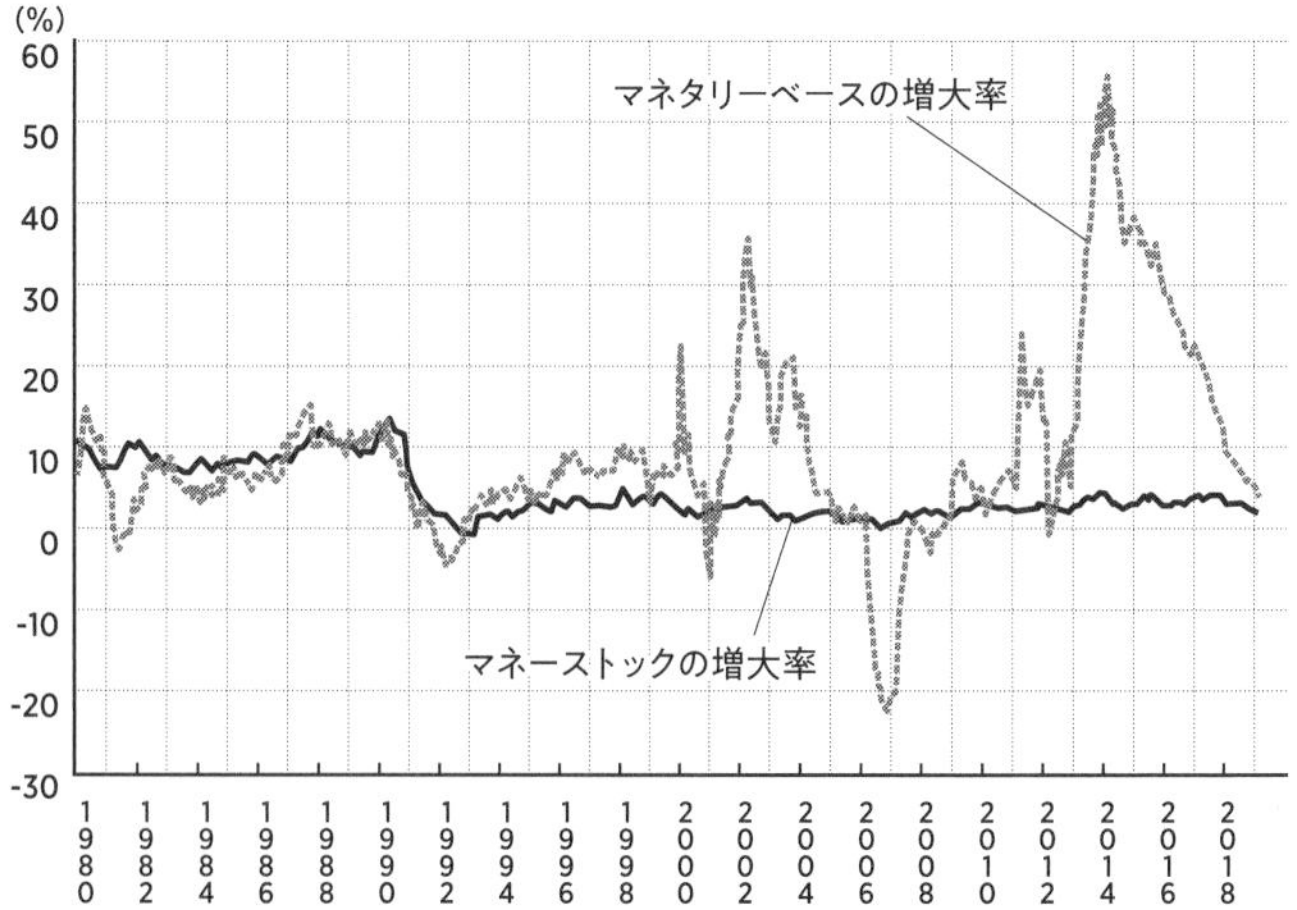

出典：日本銀行ホームページ（マネタリーベースの増大率：平残前年比、マネーストックの増大率：M2／平残前年比）

年二〇年ぐらいを見ると、だいたい二パーセントぐらいしかマネーストックは増えていないのですが、バブル崩壊以前は一〇パーセントを超えていたし、バブルが起きる前ですら七〜八パーセントぐらいのマネーストックの増大率がありました。そうした過去と比べると、近年のマネーストックの増大率は低くすぎるので、金融緩和をしてもインフレ率が低いのは当たり前なのです。そして、こういうマネタリーベースとマネーストックの増大率のデカップリングが起きているのは、民間銀行がお金をずっと溜めていて、なかなか貸し出しに回さない（「ブタ積み」している）からなのです。

なぜ景気回復の実感がないのか？

いまは企業が民間銀行からあまりお金を借りない時代になってしまっています。そこで最初の話に戻りますが、企業がお金を借りないのだったら、帳尻を合わせるためにも政府が借りるしかないわけです。つまり、「政府が借金しないと景気は良くならない」というのが私の持論です。「政府の借金なくしてデフレ脱却なし」ということです。そしてそうやって政府が借金をして、家計にお金をばらまくべきだと私は考えています。いわゆる「ヘリコプターマネー」です。

ヘリコプターマネーとは何かというと、これは私の定義ですが、「公的機関が貨幣発行を財源に政府支出を行うこと」です。一応他にも「回収されることのないお金をばらまく」とか、「恒久的にマネタリーベースを増やす」とかいう定義があるのですが、私は最初の定義で良いと思っています。

そもそもヘリコプターマネーというのは、ミルトン・フリードマンというノーベル賞を受賞した経済学者が、「ヘリコプターで空からお金を撒くかのように、世の中に出回るお金を増やしたらどうなるか」という思考実験を行って、そこからこの経済用語が一部で使われるようになったという経緯があります。

私はヘリコプターマネーのやり方には、少なくとも三つはあると思っています。まず二つに分類すると、（A）直接的なヘリコプターマネーと（B）間接的なヘリコプターマネーがあります。そして、直接的なヘリコプターマネーの中に（1）政府紙幣発行と、（2）直接的な財政ファイナンスがあり、間接的なヘリコプターマネーの中には（3）間接的な財政ファイナンスがあります。

通常のお金の流れはまずは「民間銀行が持っている国債を中央銀行が買い取り、その対価としてお金を渡す」ということ、つまり「買いオペ」です（図3）。その次に、民間銀行が、ちゃんと企業に「貸し出し」をしないといけません。専門的に言えば、貸し出しをすることによって「信用創造」というものが行われてマネーストックが増えていきます。しかし、マネーストックが増えただけでは、まだ一般の人たち、つまり家計は潤いません。民間銀行が低金利で企業にお金を貸し付けても、今度は企業が「内部留保」という形で溜めこんでしまうかもしれないからです。いま、内部留保は非常に溜まってしまっています。このように、民間銀行もお金を溜めて、企業は企業で内部留保を溜めている。そのおかげでぜんぜん家計に回ってこない状況にあります。

このような状況が続くと、いつまでたっても賃金が増えません。それでよく「景気回復

図3　通常の貨幣の流れ

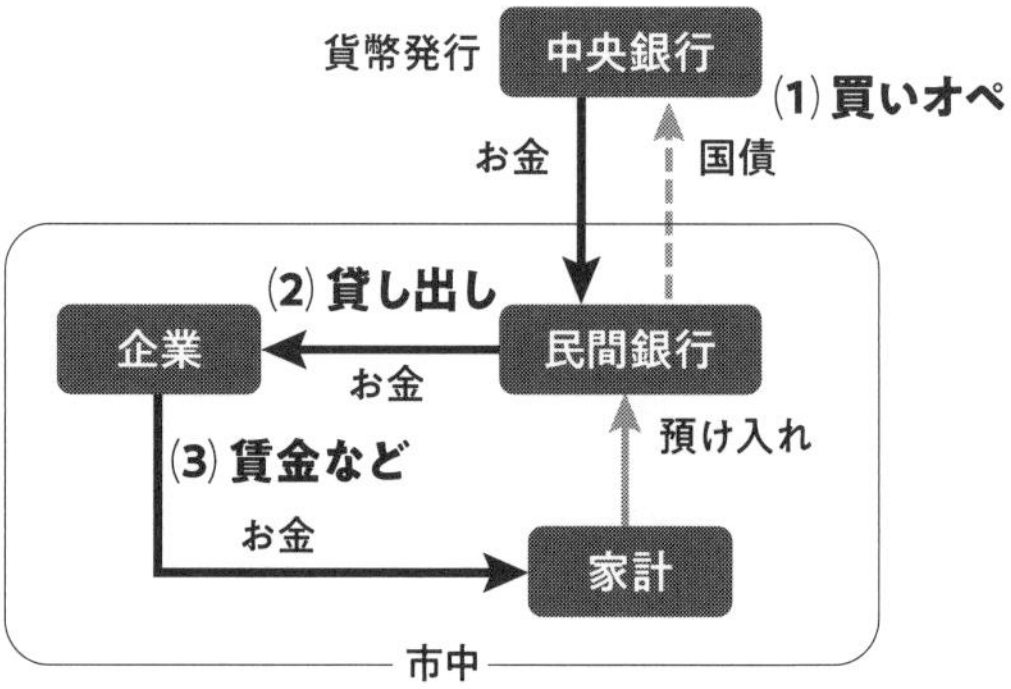

出典：筆者作成

の実感がない」と言われるのですが、お金が銀行と企業で滞留していて、こちらに回ってこないのだから、実感がないのは当たり前です。近年、失業率が減ったのは非常に良いことですが、賃金が増えていかないのは、そこに理由があります。

民間銀行から企業への貸し出しのところさえ突破すれば、何とかマネーストックは増えることになります。しかし、実質的には家計のほうにもお金がいかないと、消費需要はなかなか増えず、真のデフレ脱却はやってきません。このように、二回もお金の流れをせき止める存在が家計の前に存在してしまっているのが、いまの貨幣制度の問題点です。

ヘリコプターマネー：お金の流通経路を変える方法

私は、ヘリコプターマネーの一番大きな意味は、貨幣流通の経路を変えることだと思っています。金融緩和によってお金の量を増やそうとしても、民間銀行でせき止められてマネーストックは十分に増大しない。おまけに、企業でせき止められて家計にお金が回らない。

だとしたら、これまでとは違うやり方でお金を増やせばいいじゃないかということになります。たとえば（1）「政府紙幣発行」（図4）というのは、「政府が紙幣を発行して流通させる」というものです。

政府紙幣発行は、実は近代以前にはよく行われていて、特に実施していたのは中国です。宋の時代から、「交子」や「会子」といったお札があって、政府がそれを発行していました。日本は江戸時代に「藩札」といって、藩が発行しているお札がありましたし、明治時代になってからも「太政官札」のようなお札を発行して、それを財源に戊辰戦争を行っていたりしましたが、そういう政府紙幣を発行して家計に直接給付するというのが、ヘリコプターマネーの一つの方法です。

もう一つは、私が（2）「直接的な財政ファイナンス」（図5）と呼んでいるものです。

図4　政府紙幣発行

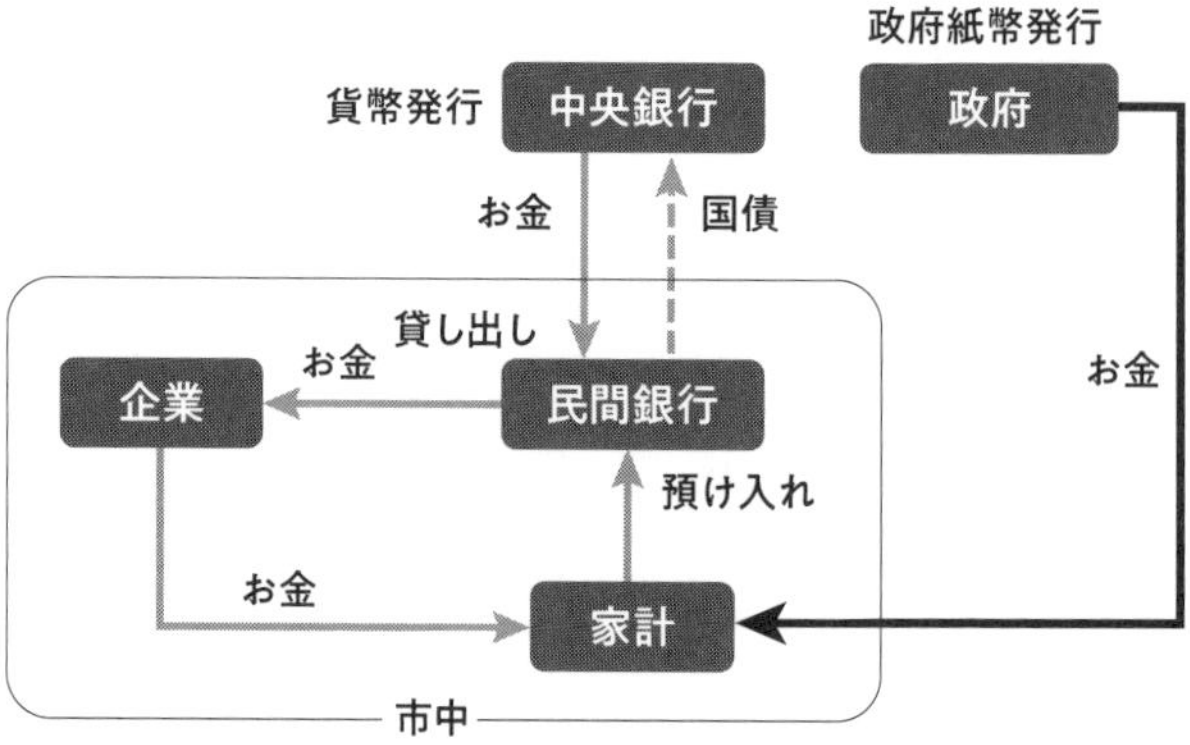

出典：筆者作成

図5　直接的財政ファイナンス

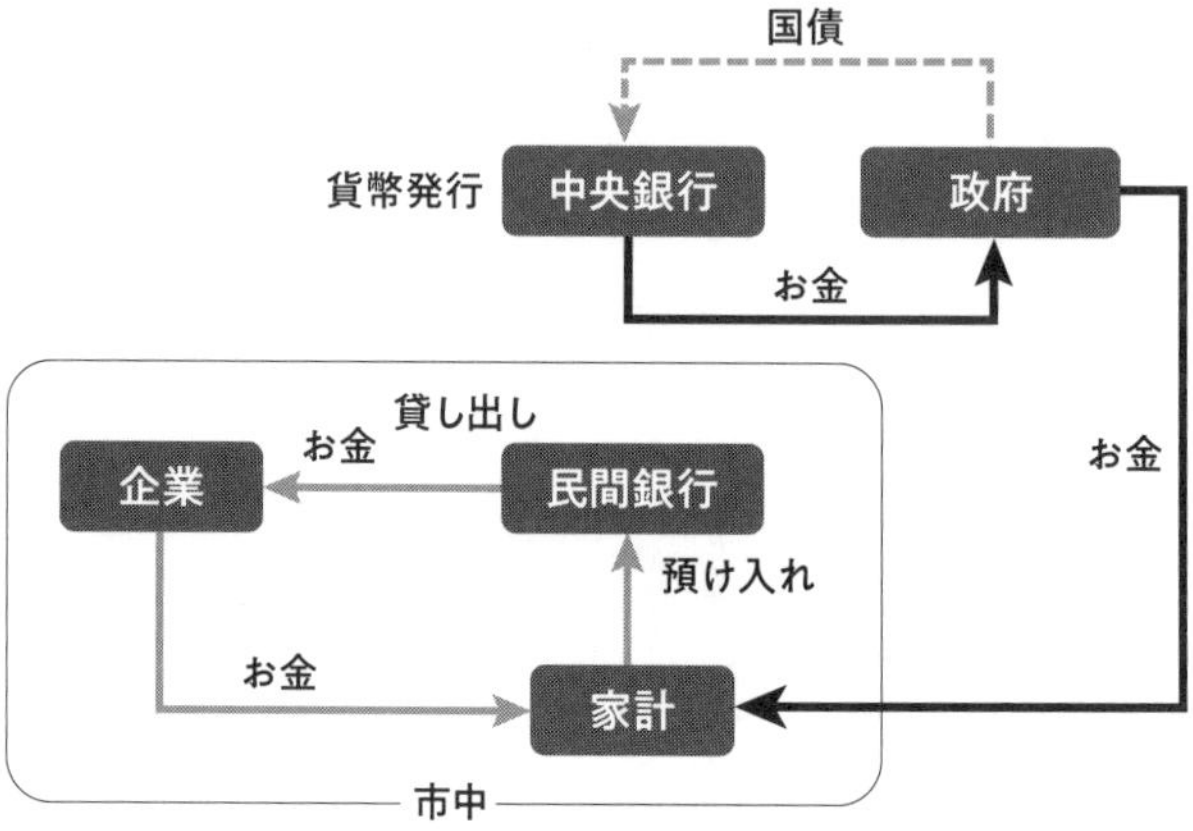

出典：筆者作成

いまは中央銀行が紙幣の発行主体になっているので、政府が紙幣を発行するのではなくて、中央銀行が紙幣を発行して、それを政府に渡す、というのが現実的です。そして、政府は国債を中央銀行に渡します。そのもらったお金を財政支出の原資にして、政府が家計に配る。これは、政府自体が紙幣を発行するのではなくて、あくまで中央銀行が発行しているのですが、既にお話しした「統合政府」という見方をすると、政府紙幣と同じことをやっていることになります。しかし、このようなやり方で発行主体を分けることのメリットは、そのほうがインフレになり過ぎないで済むということです。

政府紙幣の一番大きな弱点は、政府がこれを使ってバンバン財政支出を行うと、悪性のインフレになってしまう可能性がある、ということです。どこかにその歯止め役が必要です。すると、たとえば中央銀行がインフレ目標を設定して、「インフレ率二パーセントになるまでは、政府にお金を渡す」というような取り決めにしておけばいいということになります。

これは実は一九三〇年代に高橋是清の下で（高橋財政）、日本も行ってきたことです。もっとも、それが民生ではなく軍事支出にどんどん使われてしまったために膨らんでいき、高橋是清はこのような軍事支出の拡大に反対したため、二・二六事件で暗殺されてしまいました。その後の日本には、高橋是清のように抑えに回る人がいなくなってしまったので、これを財源に膨大な軍事支出を行っていきました。そういう負の歴史があるので、日本では特にヘリコプターマネーに反対する人が多いわけです。

しかし、それは先ほど述べたように、中央銀行が「二パーセントのインフレ率になるまで」という足かせをちゃんと公的に整備することで抑制できると思います。

もう一つは、このようにして作ったお金を一般的な支出には使わないということが、私は大事だと思っています。たとえば、作ったお金は単に家計に配るだけに限定して、「作ったお金でダムをつくったり、橋をつくったりしては駄目」というような取り決めがなされるべきでしょう。当然軍事支出なんかに回してはいけない、という制度をしっかりと作ることが大切です。

このように言うと、ヘリコプターマネーというのはものすごく特別な政策のように思えるかもしれません。しかし、実はもういまの日本で既にやられていることです。それは(3)「間接的な財政ファイナンス」(図6)と私が呼んでいるもので、いまも政府は国債を発行して、最初それは民間銀行が買い入れることが多いのですが、結局、中央銀行は民間銀行からこの国債を買い入れて(間接的に政府に)お金を渡しています。お金の流れからすると、中央銀行から民間銀行に行って、政府に行って、政府から家計に行く……はずなのですが、現状では家計にはあんまりお金が行っていません。むしろ、先に説明したように、

図6　間接的財政ファイナンス

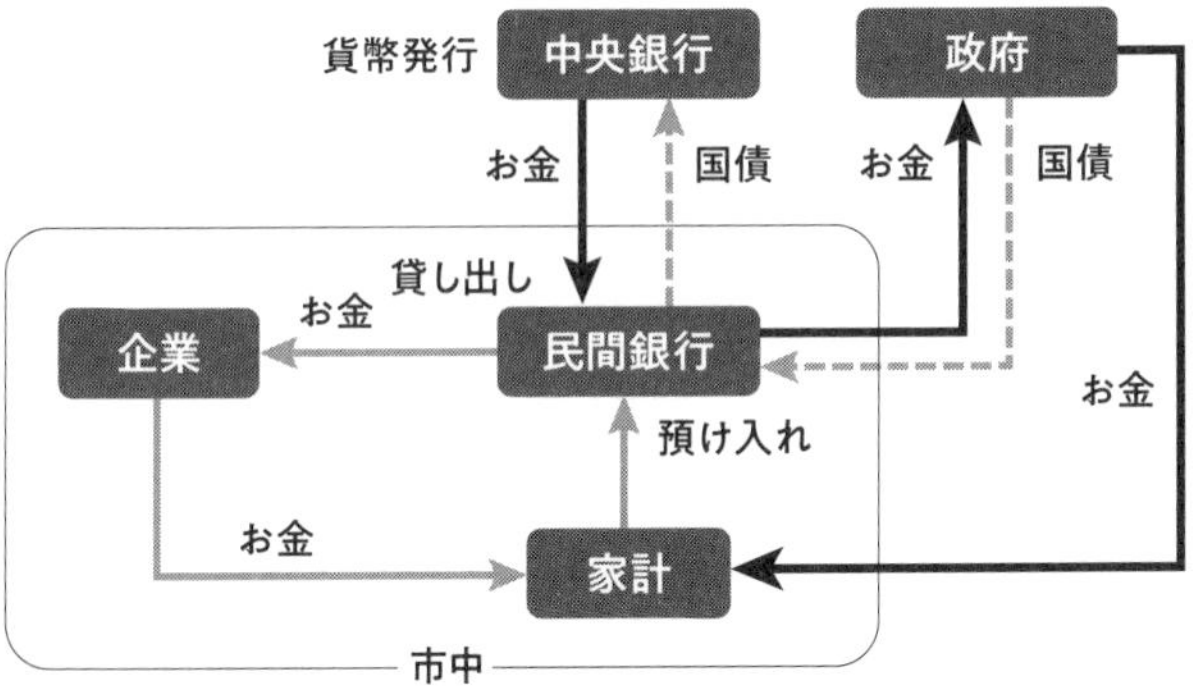

出典：筆者作成

金融緩和で作られたお金は、民間銀行と企業に滞留してしまっていますし、政府は家計にお金を配るような財政支出を大々的に行っているわけでもありません。

しかし、もし、政府がこうして得たお金を原資にして家計への給付を大胆に行ったならば、（3）の形式を保ったままで（2）の形に近づくことができ、お金の流れを変えることができるはずです。

日本が薔薇色の未来になるために

以上をまとめると、まず大前提として「統合政府」という観点から見ると、日本の財政はまったく健全な状態にあるということです。問題なのは、政府の財政支出がまったく足りないせいで、お金が民間銀行や企業にせき止められてしまって、家計に回っていないため、いつまでたってもデフレからの脱却ができていないということにあります。最初に述べたように、デフレ不況の原因は世の中の需要不足です。しかし、いまの日本は財政支出を増大させずに、世の中にお金を回すことなく、むしろ人々の消費をより抑制させる政策である消費増税が進められようとしています。

私は「消費増税をして借金を減らして、財政を再建しよう」などと考えているうちはデフレからの完全脱却などできないだろうと考えています。財政再建というものは、いま直接的に目指すべきことではなく、政府の目標として掲げる必要のないものです。私は増税どころか減税をしてもいいくらいだと思っていますが、もっと言ってしまえば先ほどのヘリコプターマネーのように、政府が家計にお金をばら撒いてしまってもいいのではないか、と考えています。

減税するのか、あるいはお金をもっと積極的にばら撒くのか。あるいは社会保障や教育などの必要なところにどんどん財政支出をしていくのか。取りうる方策はさまざまにあると思いますが、いずれにせよ反緊縮的な政策をとることが、日本が薔薇色の未来になるために不可欠なことだと思っています。

反緊縮経済学の基礎

朴勝俊

ぱく・すんじゅん

関西学院大学総合政策学部教授。博士（経済学）。専門は環境経済学、環境政策。神戸大学大学院経済学研究科修了後、2002年度から京都産業大学経済学部勤務。2011年度より関西学院大学総合政策学部准教授、2014年度より同教授。主著に『環境税制改革の「二重の配当」』（晃洋書房）『脱原発で地元経済は破綻しない』（高文研）、訳書に『黒い匣：密室の権力者たちが狂わせる世界の運命　元財相バルファキスが語る「ギリシャの春」鎮圧の深層』（ヤニス・バルファキス著、明石書店、共訳）などがある。

反緊縮経済学の目的

この論考では、「反緊縮経済学」の基本的な考え方について、できるだけ分かりやすくご説明します。

私は環境経済学者ですが、原発のリスクやコストの問題について早くから論じてきた者のひとりです。こんな私がなぜ反緊縮のマクロ経済学を論じているのかと言えば、消費税増税と原発関係で、世論づくりの現れ方がよく似ていると思われるからです。昔は科学技術庁や通産省の御用学者が、「エネルギーがなくなるから原発が必要だ」「原発は安全だ」と言って、それを新聞がどこも同じように書き、多くの市民や政治家が賛成していました。

消費税増税をめぐる問題もよく似ています。消費税増税は財務省の悲願です。その財務省に近い学者たちが、「金融緩和はよくない」とか「効果がない」とか、「日本の財政は危機的状態だから消費税をすぐに上げないといけない」「上げても安全だ」などと言っているのを、日経も産経も読売も毎日も朝日も地方新聞も、どの新聞も同じように書いています。

しかし、そもそも日本の財政は危機的だというのは本当なのでしょうか。私の考えでは、デフレ脱却が実現していない状況での消費税増税などの緊縮策は、原発を再稼働することと同じぐらい、人々の命を脅かすものです。

ここで言う「緊縮」とは、政府が財政赤字の拡大やインフレの発生をことさらに恐れて財政や金融を引き締める政策をとることです。これによって、デフレ不況が長引き、雇用が不安定になります。学生たちは就職に困り、労働条件は悪くなり、底辺にいる人々の生活も苦しくなります。自ら命を絶つ人も増えます。これが緊縮の問題点です。

これに対して「反緊縮経済学」とは、デフレ不況からの脱出、雇用の確保、そして人々の生活の向上を目的とした経済学のことです。その目的のために、私が依拠するケインズ派の経済理論では、中央銀行による金融政策（貨幣発行量や金利の制御）や、財務省による財政政策（政府支出と課税に関わる政策）が重要な役割を果たしています。※1 つまり、積極的な金融・財政政策をとることによって、デフレや不況を克服するのです。

以下で、そのことを基礎知識から段階を踏んで解き明かしてゆこうと思います。本稿では三つだけ、「絶対に覚えてください」とした箇所があります。そこはしっかりと押さえてください。

景気の調整に関する基礎知識

デフレと不況とGDP

最初に、そもそもデフレ不況とは何かという話をしておきましょう。まず、物価とはあらゆるモノ・サービスの平均的な価格のことです。物価が下がるということは、おカネの価値が上がるということです。次に、デフレとは、物価が長期的に（目安は二年以上）下落する状況のことを言います。そして不況とは、景気が悪くなり、モノが売れず、失業が増えたりする状況のことです。株価が下がるのは、たいてい不況のときです。

なぜこのような事態が起こるのかを理解するには、国内総生産（GDP）に関する知識を身につける必要があります。国内の経済活動の成果はGDPによって測定されます。これは国内の企業や生産者が生み出した付加価値の総計です。付加価値は企業の利潤とはちがいます。企業の利潤と労働者の賃金とを合わせたものが、企業が稼ぎ出した付加価値です。ですから、付加価値は売上高から仕入れ額を差し引いたものにあたります（付加価値＝賃金＋利潤＝売上高－仕入れ額）。

物価指数を用いて金額を調整する前のGDPを名目GDP、物価を調整したあとのGDPを実質GDPと言います。物価が上がって名目GDPが増えても、実質GDPが増えなければ、人々は必ずしも豊かになったわけではありません。しかし、物価が下がって実質GDPが増えても喜んではいけません。借金をしている企業や家計は、その負担が実質的に重くなって苦しくなるからです。デフレの問題の一つはそこにあります。とはいえ、以降で説明なく「GDPが増える・減る」という話をする場合は実質GDPのことだと理解してください。

国内総生産の金額は、国内に存在する設備（工場・建物・機械等）の総規模や、労働力人口によって制約されます。モノやサービスがよく売れて、設備や労働力がフルに用いられて生産されるGDPの上限額を、「完全雇用GDP」と呼びます。たとえば、国内で新たな付加価値を生み出すためにモノをたくさん生産・供給しようとしても、労働力人口が足りなければ（つまり、人手が足りなければ）それができません。また、機械や工場などの設備が足りなくても同じです。これは、その国が作り出すことのできる付加価値の総額には、「供給力」の側の制約があるということです。完全雇用の場合には、人手不足となって賃金率が上がりやすく、物価も上がりやすくなります。一般に好景気と呼ばれるのは、このような状態です。

景気が非常によい時には、GDPの水準は完全雇用GDP（供給力）によって決まります。それ以上の経済成長を望むなら、設備投資を行うか、技術進歩を進めるか、労働力人口を増やすなどして、供給力の増大を目指すしかありません。

しかし、一般に、完全雇用GDPの水準が達成されて、物価が上がっている場合以外は、GDPの水準は供給力ではなく「総需要（Y_D）」によって決定されます。総需要とは、その社会の企業や人々が購入しようとするモノやサービスの総量のことです。なぜこれによってGDPが決定されるかというと、実際に売れたモノやサービスからしか、売上も付加価値も発生しないからです。これはその社会にいくらたくさん労働者（人手）やモノを生産・供給するための設備があっても、現実にモノが売れなければ、すべての人手が雇われることもなく、すべての設備がフル稼働するわけでもない、ということです。

ですから、このような一般的な状況では実際のGDP（Y）は総需要（Y_D）と一致し、完全雇用GDP（Y^*）を下回ることになります。この差（$Y_D - Y^*$）のことをGDPギャップと呼びます。総需要が供給力を大幅に下回れば、GDPギャップが大幅なマイナスになります。これが不況です。不況の時には、失業者がたくさん発生し、工場などもフル稼働できなくなります。設備投資も落ち込みます。賃金率（時給や月給）は下がりやすくなり、物価も上がりにくくなります。さらに、極端な場合には、長期にわたって物価が下がるデフレ状況に陥ります。

デフレは債務者の負担を増加させ、消費者の購買行動を先送りさせ、企業の利益を減らすので、不況を深刻化させる要因となります。したがって、デフレ不況に対する政府のマクロ経済政策は、GDPギャップを縮める目的で行われることになります。

いわゆる新古典派経済学（新自由主義者や緊縮派の考えの裏付けとなっている主流派の経済学）ではふつう、失業や不況の存在が無視され、供給力で実質GDPが決まるとみなされます。ですから、不況時でも「構造改革」を進めるべきだ、「生産性を高めるべきだ」といった考え方が主張され、不況対策のための政府の介入（財政・金融政策）は否定されます。他方、ケインズ派はあくまで失業を問題とし、不況時の実質GDPや生産性を決めるのは需要側だと考え、財政・金融政策の必要性・有効性を唱えます。しかしながら、好況時のマクロ経済運営についての考え方は、両派での差異はさほど大きなものではありません。

不況時にGDPを増やすには？

ですから、経済が完全雇用GDPの水準に達するまでの間は、GDPを大きくするためにはまず総需要を大きくすることが必要となります。

先に、不況とはGDPギャップが大幅なマイナスとなる状態だと説明しました。この観点から言い換えると、不況とは総需要が不足している状態（総需要不足）だと言えるでしょう。

さて、この総需要（Y_D）は、次頁の枠内の計算式の右辺のように分解されます

総需要の計算式

$$Y_D = C + I + G + EX - IM$$

（総需要＝消費＋投資＋政府支出＋輸出－輸入）

この式は、絶対に覚えておきましょう。そして、これをもとに不況が深刻化するメカニズムを考えてみましょう。不況とは総需要（Y_D）が少ないということですから、右辺が全体的に減っている状態のことです。その原因としては、（1）消費者が将来不安などでおカネを貯め込んで消費〔C〕を減らす、（2）企業が国内経済の将来を悲観して設備投資〔I〕を減らす、（3）政府が支出〔G〕を減らす、（4）輸出〔EX〕が減る、（5）輸入〔IM〕が増える、というものが考えられます（ただし、輸入の項の係数はマイナスですが、輸入が増えたからと言って必ずしもそれと同額だけ総需要が減るわけではないので注意してください）。

こうしてみると、不況時においては家計、企業、政府の各経済主体が一見「健全」な行動（貯蓄、収支の黒字化）を一斉に進めると、総需要が激減し、GDPが急落し、結局は彼らの収入（所得、売上、税収）が減ってしまうことになる、ということが分かります（これを「合成の誤謬《ごびゅう》」と言います）。つまり、みんなが将来のためにおカネを使わないように節約すればするほど、みんなの収入が減ってしまうのです。これが緊縮思想のもたらす弊害です。

逆に、不況からの脱却のためには、式の右辺の各項目を増やす方策をとればよいことが分かります。たとえば、

（1）消費〔C〕を長期的に増やすために、消費者の将来不安を払拭すべく、賃上げを促進し、社会保障制度を充実させ、恒久的に基礎的な所得を保障する（ベーシックインカム制度の導入など）。

（2）当面の消費〔C〕を増やすために、消費税減税を行うか、一時的な基礎所得を給付する。

（3）設備投資〔I〕を増やすために借入金利を下げる。

（4）政府支出〔G〕（特に社会保障関連の支出）を直接増やす。

（5）為替レートを切り下げて（日本の場合は円安にして）輸出〔EX〕を増やし、輸入〔IM〕を減らす。

（その他）関税を引き上げるなどして輸入〔IM〕を減らす（ただしこれは現在の国際社会においては利用しにくい方法であり、効果も不明瞭です）。

図1　総需要を増やすための反緊縮政策

政策	効果	政策の種類
(1) 社会保障の充実・賃上げなど	消費〔C〕を長期的に増やす	財政政策
(2) 消費税減税など	消費〔C〕を当面増やす	
(3) 金利の引き下げ	設備投資〔I〕を増やす	金融政策
(4) 政府支出を増やす	政府支出〔G〕を直接増やす	財政政策
(5) 為替レートの切り下げ	輸出〔EX〕を増やし、輸入〔IM〕を減らす	金融政策

出典：筆者作成

（1）〜（5）の方法は、いずれも「反緊縮的」な政策だと言えるでしょう（図1）。なぜなら、緊縮派の人々の思想は、（1）（2）と（4）の方法は政府の財政収支を悪化させる可能性があり、（3）と（5）は通貨量の増加によって行われるため悪性のインフレーションにつながる懸念がある、と言って反対するものだからです。しかし、緊縮主義者が唱えるこのような懸念は、本当はあまり根拠のないものです。以下で、順を追ってそのことを説明していきます。

金融政策と雇用や不況

雇用のための金融政策とフィリップス曲線

さて、先にご紹介した（1）〜（5）の方法のうち、（3）「金利の引き下げ」と（5）「為替レートの引き下げ」の方法は中央銀行による金融政策に関わるものです。

日本の中央銀行は日本銀行（日銀）です。日本銀行法では、日銀が「国民経済の健全な発展」を目的として「信用秩序の維持」と「物価の安定」を図るものとされています。※2 米国の場合はもっと踏み込んで、国の中央銀行である連邦準備制度（Federal Reserve System）に関する法律で、金融政策の目的は「最大限の雇用、物価の安定、長期金利の安定化」と定めています。※3 なぜ米国の金融政策の目的に「最大限の雇用」という項目が入っているかと言うと、一般に、中央銀行による金融政策が、マクロ経済における失業率や雇用者数に最も大きな影響を与えるものだという認識があるからです。日本の法律もそうあるべきでしょうし、雇用に関心のない人物を日銀総裁にすべきではありません。

一般に金融政策（Monetary Policy, 貨幣政策）は、通貨量を調節することによって、金利や物価上昇率を制御しようとする政策ですが、これは雇用にも深く影響しています。金融政策と雇用との関係は「フィリップス曲線」によって直感的に理解することができます。たとえば、図2は平成時代の日本のフィリップス曲線を描いたもので、縦軸に物価上昇率、横軸に完全失業率をとっています（物価上昇率はGDPデフレータに基づいて計算されており、一九九七年と二〇一四年の消費税増税の影響は除去しています）。これを見れば、雇用状況と物価上昇率の逆相関関係は明確です。物価上昇率が低い時には、特にマイナス（デフレ）になって

図2　平成時代の日本のフィリップス曲線

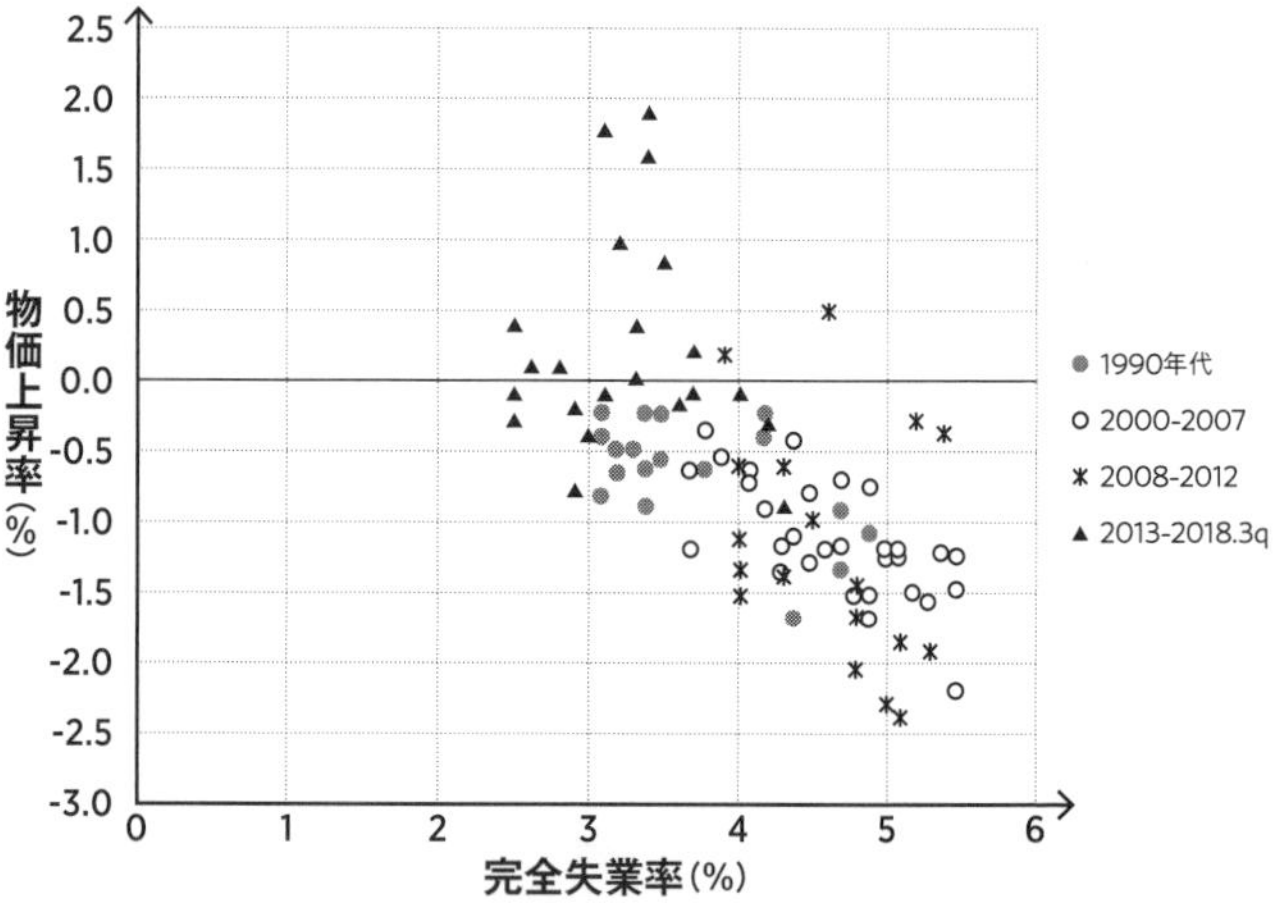

出典：総務省統計局「労働力調査・長期時系列データ」、内閣府「国民経済計算（GDP統計）」より筆者作成

いる時には、失業率が高いのです。逆に物価上昇率が高い時には失業率は低くなります。

とはいえ、これはあくまで物価上昇率と完全失業率の間の「（逆）相関関係」であって、「因果関係」を示しているわけではありません。つまり、物価が上昇すればいい、失業が減るとも、失業が減れば物価が上がるとも、言えるわけではないのです。ではなぜこうした相関関係が見られるかと言うと、物価上昇率と失業率にともに影響する「金融政策」という要因がその間に存在するからです。中央銀行が金融緩和を行って通貨量を増やせば、先述の（3）「金利の引き下げ」と（5）「為替レートの引き下げ」が実現されます。こうして総需要が増えると、景気と雇用の改善と、物価の上昇が一緒に起こるというふうに理解できます。

なお、物価上昇率をどんどん高めれば失業をなくせるというわけでもありません。経験則によれば、物価上昇率が二パーセントを超えても失業率はほとんど下がらなくなるので、諸外国でも二パーセントが物価安定目標（いわゆるインフレターゲット）の目安となっています。

不況脱却のための金融緩和の効果

では、具体的に金融緩和政策（通貨量を増やす政策）はいかにして「不況からの脱却」に役立つのでしょうか？　ここでは主に二つの経路をご説明しますが、「この世の中ではふつう、量が増えたものの価値は下がる」ということさえ分かっていれば、理解しやすいと思います。

金融緩和の効果は、第一に日本国内の通貨量を増やすことによって、外国通貨に比べて日本円の価値を下げ（つまり円安にし）、輸出品を割安にしたり、訪日外国人観光客数を増やしたりして、輸出〔EX〕を増やすことにあります（外国人観光客による日本国内での消費額は、統計上は「輸出」に計上されます）。

第二の効果は、通貨量を増やすことによって金利を下げ、企業の設備投資や人々の住宅投資〔I〕を増やすということです。なぜ通貨量を増やすと金利が下がるのか、ということをごく簡単にご説明すると、世の中に出回る通貨の量を増やすと「遊んでいるおカネ」を誰かに貸したいと考える人々や企業、銀行が増えるので、金利を下げることができる、ということになります。

国債価格と国債金利

金利には銀行預金金利、銀行貸出金利、国債金利など様々なものがあります。また、満期まで一年未満の金融商品の金利を短期金利、一年を超えるものの金利を長期金利と呼びます。最も基本的な長期金利は一〇年物の国債利回りです。※4

購入者にとって国債利回りは、（単純化して言えば）国債を買った時の価格と、それを満期まで保有し続けた場合の金利収入総額と元本返済額の合計額との、差に応じて決まります。※5 たとえば、日銀が一〇年物の国債を買い上げれば国債価格が上がり、国債を高く買った人は、金利収入や元本返済額によって大きくもうけることができなくなります。国債の利回り（国債金利）が下がるとは、こういうことです。したがって、国債価格が下がれば利回りが上がり、国債価格が上がれば利回りが下がるという関係があります（この関係も、絶対に覚えておきましょう）。日銀は金融緩和によって国債を民間銀行から買い上げて、金利を引き下げ、その分の代金を支払うことによって通貨量を増やしています。

非伝統的金融緩和政策としての量的緩和

一般的に、短期金利よりも長期金利の方が、リスクが大きいなどの理由で、（一年あたりの）金利が高くなるのがふつうです。とはいえ、景気が非常に悪い場合や、深刻なデフレが起こっている場合には長期金利でさえゼロに近づくことがあります。こうなった場合には、それ以上に金利を下げることは難しくなります。しかし、金利がゼロの場合にも金融緩和の効果を発揮させようとする、「非伝統的金融緩和」と呼ばれる政策が、最近では世界の主要国によって採用されるようになってきています。非伝統的金融緩和の中心は「量的緩和（Quantitative Easing）」と呼ばれるもので、具体的には日銀が大量の国債を買い上げる政策です。

日銀は二〇一三年初頭から本格的な量的緩和を実施しています。この政策の結果、長期金利が低下し、為替レートの超円高が是正されて貿易状況が改善し、銀行や投資家が資産を国債から株式などに持ち替えたことによって株価が上がり、物価上昇の期待がいくぶん高まったことによって「実質金利」（物価の変化分を除いた金利[※6]）が低下し、景気状況と雇用

の改善に寄与していることは確かです。[※7]

ただし、この非伝統的な金融緩和だけではデフレ脱却が実現しなかったことも事実です。それはなぜかと言うと、先の（1）～（5）の方法のうちの（1）「社会保障の充実」や（2）「消費税減税や基礎所得の給付」、（4）「政府支出の増加」などの政策、すなわち財政政策に関する方途が「緊縮思想」によって大きく妨げられてきたからです。

消費増税の悪影響と緊縮財政

先に触れたように、二〇一三年以降の日本の金融政策は、物価安定目標を二パーセントと定め、大量の国債を日銀が買い上げる量的緩和を行ってきました。日銀は二〇一三年四月から二〇一八年九月までに三三七兆円もの国債を買い上げ、二〇一八年九月時点で約四六二兆円の国債を保有しています。

国債はいわゆる「政府の借金」です。その国債を日銀が大量に買い上げているわけですから、量的緩和はまぎれもなく、中央銀行による政府への（間接的な）「財政ファイナンス」であると言えるでしょう。財務省も日銀も新聞各社も、財政ファイナンスはハイパーインフレにつながる「禁じ手」だとしてタブー視しています。しかしこの間の政策の結果として、三〇〇兆円規模の量的緩和を行っても、ハイパーインフレどころか目標の二パーセント程度の物価上昇にも簡単にはつながらないことが実証されました。とはいえ、決して量的緩和が無効ではなかったことは、前節で述べたとおりです。

量的緩和だけでデフレ脱却ができなかったのは、近年の財政政策が緊縮的なためです。二〇一三年以来、政府は、（3）設備投資〔I〕を増やすために借入金利を下げる、（5）為替レートを切り下げて（日本の場合は円安にして）輸出〔EX〕を増やす、という金融政策はとってきましたが、（1）と（2）の消費〔C〕を増やすために社会保障を充実させたり、消費税減税を行う政策や、（4）政府支出〔G〕（特に社会保障関連の支出）を直接増やす、という政策をほとんどとっていません。その象徴が一般会計歳出の「一〇〇兆円の壁」であり、消費税率の引き上げです。

財務省の「国の財政関係資料」（平成三〇年一〇月）によれば、一般会計歳出は二〇〇九年に一〇一兆円を記録したあとは、緊縮思想によって伸びが抑えられ、平成三〇年度予算では九七・七兆円まで減少させられています。さらに、二〇一四年四月の消費税三パーセント分の増税（旧民主党政権が決め、安倍政権が実施した増税）によって、実質消費が三パーセント程度減少し、[※8]デフレ脱却への動きが止まってしまいました。

図3は、消費者物価指数の中でも自然的変動要因や外的要因に影響されにくい「生鮮食品・エネルギーを除く総合」の上昇率を図示したものです（消費税増税の影響分は差し引きし

図3　消費者物価指数（生鮮食品・エネルギーを除く総合）の推移

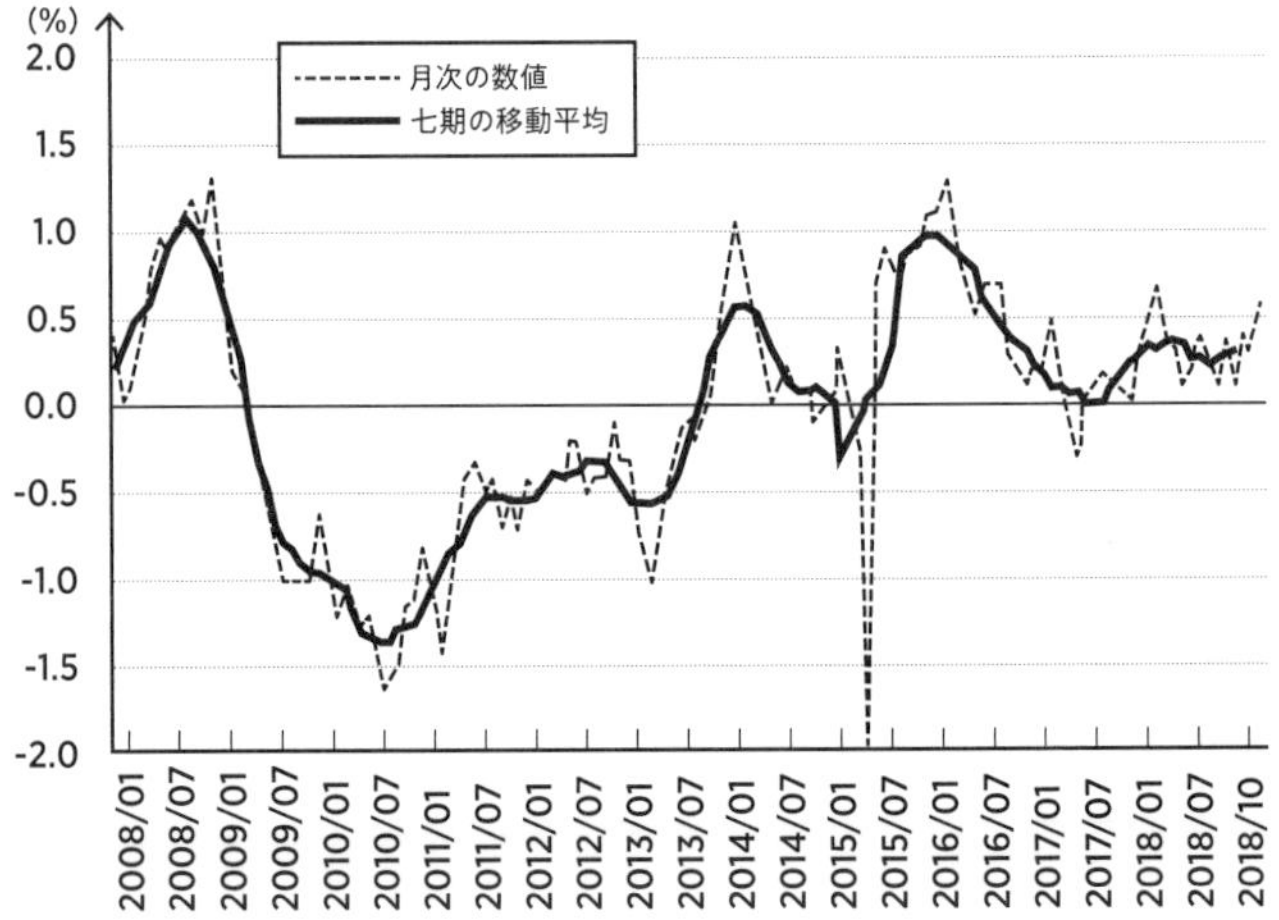

出典：総務省統計局「消費者物価指数（CPI）結果 時系列データ」を用いて作成※9

てあります）。二〇一〇年七月頃の底（年率一パーセントを超えるデフレ）から、民主党政権末期（〜二〇一二年末）にはマイナス〇・五パーセント程度で推移していました。それが政権交代後の二〇一三年初頭から二〇一四年初頭まで、量的緩和と財政支出増の「約束」によって、いったん大幅に物価上昇率が改善しました。しかし、その後は、二〇一五年初めまでに再びマイナス圏に陥り、二〇一五年中に回復したあとには、現在も〇・三パーセント程度の物価上昇率で低迷しています。その原因は、疑いなく消費税増税と政府支出の抑制、つまり緊縮財政にあります。

しかし、なぜ緊縮思想はデフレ不況

下においてすら頑《かたく》なに財政支出を抑制しようとするのでしょうか。それは彼らが唱える「日本の借金は一〇〇〇兆円を超える」という「財政危機論」に基づいているのですが、本当に日本の財政はそのような危機的な状況にあるのでしょうか？　以下でご説明するように、決してそうではないという事実を確認するところから、反緊縮経済学は出発します。

したがって、ここからは、まず財政について正確に考えるためにバランスシートの基礎知識を確認した上で、現行の通貨制度と政府財政との関係について反緊縮経済学の立場から考察を加えてみることにします。

通貨制度の基礎

バランスシート

一般に、民間の企業や銀行、日銀や政府の資産や資本・負債の残高（ストック）はバランスシート（貸借対照表）によって把握されます。バランスシートとは、会計学の用語で、政府や企業、銀行など、その組織の財務状況を明らかにするために作成される表のことです（バランスシートの見方は絶対に理解してください）。

バランスシートは次のように作成します。まず、一七一頁の図4の各表のように、紙の上に十字架のような線を引いて、左側を資産の部、右側を負債・純資産の部とします。左側の資産とは要するに、もっている財産のことです。右側には、その財産に対応して、どれだけの資金がどんなふうに調達されたのかが書かれます。そして、資産や負債の売買により変化が生じた場合も、左右の金額が釣り合うように金額が書き込まれます（これを「複式簿記」と言います）。

銀行以外（非金融）の民間企業の場合は、図4-1に見るように、左側に流動資産として現金・債権・商品等、固定資産として建物・土地・機械等が計上されます。右側には、未払金・手形・社債等の負債（返済の必要がある借金等）と、資本金（株式）や剰余金等の純資産が計上されます。

「純資産」とは「資産総額から負債総額を差し引きした金額」のことを指しています。これはつまり、負債を返済したあとにも残る（返済しなくてよい）資金のことです。複式簿記のバランスシートでは通常、資産も負債も正の値で記入するので、たとえば左側の「資産」の総額が「一〇〇億円」で、右上の「負債」の総額が「六〇億円」だとすると、右下の「純資産」の総額は「四〇億円」となります。右側の「負債」と「純資産」を足すとちょうど一〇〇億円になるので、左右の金額が釣り合っていることが分かるでしょう。

左側の「資産」の総額より右上の「負債」の総額が大きくなれば、その差である純資産はマイナスの値をとります。民間企業の場合、純資産がマイナスとなった場合には債務超過と言って、倒産の可能性が高いとみなされます。資産をすべて売却しても負債がぜんぶ返せないからです。

民間銀行の場合は、図4-2に示したように、資産・負債の大部分は金融資産・負債です。銀行のバランスシートを見る際は、資産の部にある「日銀預け金」および「貸出金」と、負債の部にある「預金」に注目することが大切です。なぜなら、これが現在の「債務貨幣システム」の根幹であるからです（これについては後ほどご説明します）。

政府のバランスシートは比較的最近になって作成されるようになりました。[※11] 図4-3に見るように、政府のバランスシートも民間企業のそれと同様の形に作られています。ただし、企業ではないので右側の純資産の部に資本金はありません。むしろ、多くの国々でも、資産よりも負債が多くなるのが通常なので、政府の純資産はマイナスの値をとるのが一般的です。たとえば、平成二八（二〇一六）年度末の日本の場合、資産は約六七三兆円、負債は約一二二二兆円で、純資産はおよそマイナス五四九兆円となります。民間企業とちがって、純資産がマイナスとなっても、徴税権や通貨発行権をもっている政府の場合にはただちに破産ということにはなりません（私は、バランスシートに「徴税債権」を明記しておくと、財政不安が緩和されて結構だろうと思うのですが、そのようにはしない慣行になっています）。

図4　バランスシートの例

4-1　民間企業（非金融）

資産（100億円）	負債・純資産の部（100億円）
流動資産　50億円 （現金・債権・商品等）	負債　60億円 （未払金・手形・社債等）
固定資産　50億円 （建物・土地・機械等）	純資産　40億円 （資本金・剰余金等）

4-2　民間銀行

資産の部	負債・純資産の部
現金・日銀預け金	負債（預金・その他）
有価証券	
貸出金	純資産（資本金・剰余金）
固定資産等	

4-3　政府（中央政府・地方政府）

H28末

資産の部（673兆円）	負債・純資産の部
金融資産（現金・債権等）	負債　1222兆円 （公債・借入金等）
固定資産	純資産　△549兆円 [※ここにマイナスで計上]
出資金	

4-4　日本銀行

H31.2.20

資産の部（558兆円）	負債・純資産の部
金地金・現金	発行銀行券　106兆円
国債（474兆円）	日銀預け金　383兆円
有価証券・信託	政府預金　36兆円、他
貸出金、ほか	純資産　3兆円

出典：筆者が各種資料を簡略化して作成※10

日銀のバランスシート（図4-4）は、図4の四つの表のうちで最も独特なものでしょう。資産（五五八兆円）の大部分は国債（四七四兆円）です（資産のうち約八五パーセント）。そして日銀が発行する銀行券（約一〇六兆円）は、返済義務のある負債の部に計上されています。その理由は、もともと金本位制の時代の日銀券は、金《きん》との引換券（兌換紙幣）だったからです。日銀券を持ってきて「金に換えてくれ」と言って来た人に対して、日銀はいつでも金を渡さなければならなかったのです。[※12]

しかし、現在の通貨は金と交換できない不換紙幣なので、それを発行する中央銀行に「返済の義務」は生じません（ですから私は、日銀券は純資産の部に計上した方がよいと考えています）。中央銀行は保有している金の量とは関係なく、無からおカネを創り出しているのです。

また、日銀は「銀行の銀行」の役割を果たします。民間金融機関が日銀に口座を開いて預金をもち（日銀預け金）、金融機関どうしの振替《ふりかえ》・決済をしているのです。さらに日銀は「政府の銀行」として、政府の預金をあずかって（政府預金）、金融機関との振替・決済もしています。図4-4によれば、平成三一（二〇一九）年二月二〇日時点の日銀預け金は約三八三兆円、政府預金は約三六兆円です。[※13]

マネーストックと預金と信用創造

先に私は、不換紙幣を発行する中央銀行は、金《きん》に基づかずに、おカネを無から作り出している、と言いました。しかし、実は現在の日本において、無からおカネを創り出せるのは中央銀行だけではありません。実は「通貨」のほとんどは、民間銀行が、「預金」という形で、無から創り出したものなのです。この括弧付きの「通貨」の存在量のことを、マネーストックと言います（ここでは、かつて「マネーサプライ」と呼ばれていたものと、同じものと考えて差し支えありません）。民間銀行等の預金取扱機関には様々なものがあるため、どのような機関のどのような預金や金融商品までを「預金等」とみなすかによって、マネーストックにはM1、M2などいくつかの指標がありますが、ここでは預金を取り扱う金融機関の範囲を広めにとったM3という指標を紹介します[※14]（一七五頁の図5）。

私たちが普段使っている「お札」とか「硬貨」は、「通貨」のごく一部でしかありません。ちなみにお札とは、日銀が発行する日本銀行券（日銀券）のことで、硬貨とは財務省が発行するコイン（貨幣）です。日銀券と貨幣を合わせて「現金通貨」と呼びます（図5のM3「現金」、約九九兆円）。

それに加えて、銀行預金も「通貨」として利用されています。預金は全額が現金として引き出されることはめったになく、預金の形のままで振替・決済に用いられるからです。

それどころか、現代社会で私たちが使用している「通貨」のほとんどは（九割以上は）この預金なのです（図5のM3「預金等」、約一二二〇兆円）。これを「預金通貨」と言います。そして、マネーストックとはこの「預金通貨」と「現金通貨」を足し合わせた「通貨」の総量のことを指しています。

では、預金が銀行によって無から創られるというのは、どういうことでしょうか。そもそも私たちが現金を銀行に預けた時にだけ、預金が生まれるのではありません。預金は銀行の貸出によって生まれます。

たとえば、民間銀行が企業や個人に対して一億円分の貸出を行う時には、必ずしも一億円分の日本銀行券をアタッシュケースに入れて手渡ししているわけではありません。実際には、銀行はその場で現金をもっていなくても、借り手の名義の預金口座を開いてあげて、そこに「一億円」と書き込むことによって「預金通貨」を（無から）創造しているのです（これを「信用創造」とか「預金創造」と呼びます※15）。これは、銀行が貸出に回したおカネが、一斉に現金として引き出されることがめったにないからこそできることです。つまり、その場で現金をもっていなくても、もっていることにして貸し付けてしまうことができるのです。こうして銀行が一億円の貸出を行った際、銀行のバランスシートには、左側（資産）に一億円の貸出金、右側（負債）に一億円の預金が発生します。この時、銀行は借り手の

図5　マネーストックM3とマネタリーベースの対応

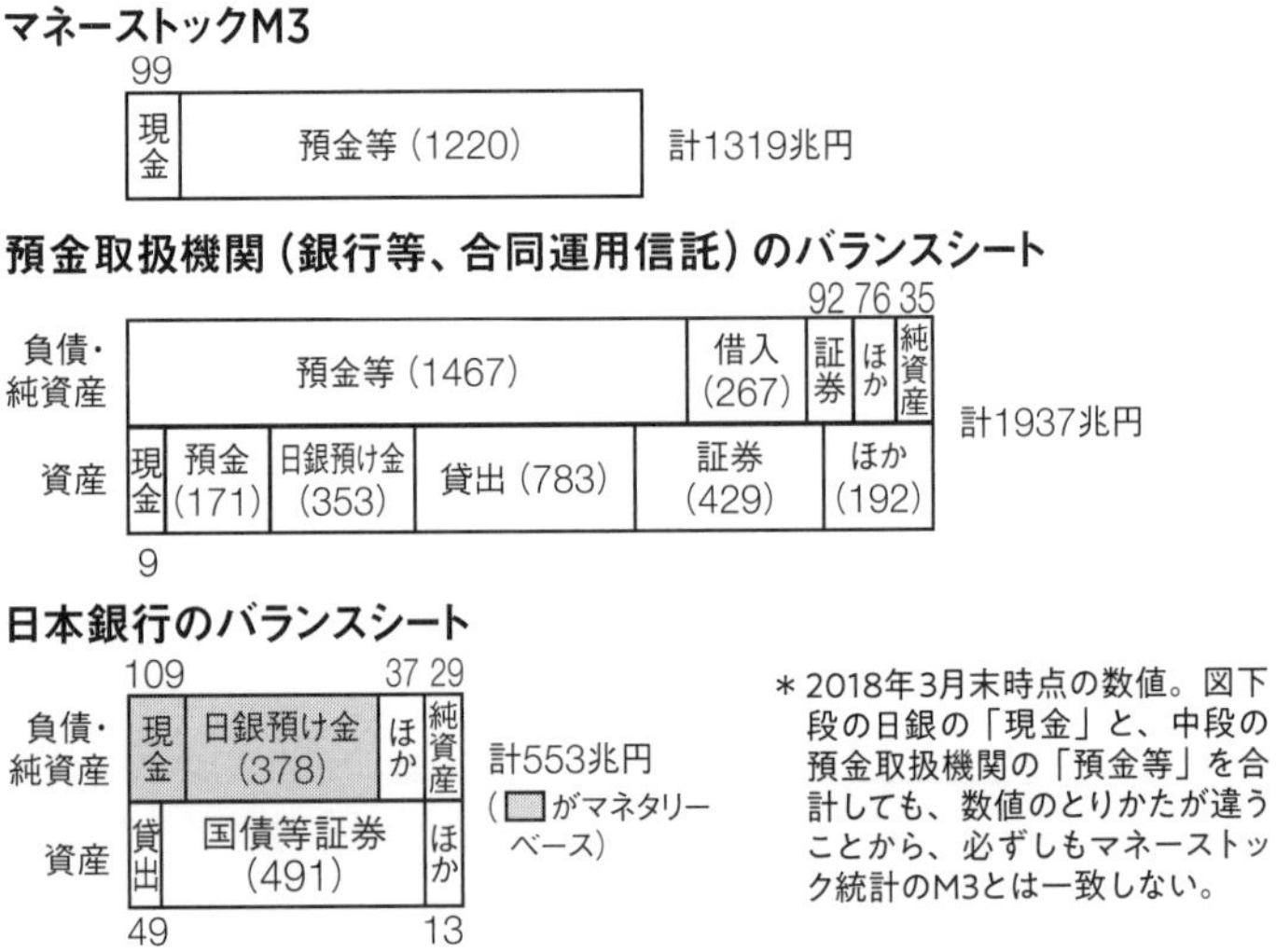

＊2018年3月末時点の数値。図下段の日銀の「現金」と、中段の預金取扱機関の「預金等」を合計しても、数値のとりかたが違うことから、必ずしもマネーストック統計のM3とは一致しない。

出典：日本銀行（2018）「マネーストック統計（2018年3月）」、および日本銀行（2018）「資金循環統計（2017年度）、xlsファイル（タブ21）」をもとに作成。

債務者になると同時に、債権者になります。銀行にとって、預金は債務であり、貸出は債権なのです。

世界経済を支配する巨大企業トップ数十社の大多数が銀行であるのは、この無から「通貨」を創造する能力、いわゆる信用創造の能力によっています。銀行は預かった現金や、自分が創り出す「預金通貨」を、ある意味自分のモノのように自由に運用しています。誰に貸し出し、どんな金融資産を保有するかを自由に決めることができるからです。ちなみに、預金者は銀行に自分のおカネを預けていると思っているかもしれませんが、正確には、預金はあくまで「預金債権」であり、預金者は債権者であるにすぎません（さらに言えば、実は預金は法的に強制通用力を与えられた通貨ではないのですが、その問題には本稿では立ち入りません）。

図5をおさらいしますと、二〇一八年三月において、マネーストックM3は約一三一九兆円に上ります。そのうち現金が約九九兆円で、約一二二〇兆円が「預金等」です。この時点で、国内に出回っている「通貨」の残高の九割以上は民間銀行等が「創造」したものだ、ということです。

この預金等は、前述のとおり企業や個人が銀行から借金をすることによって「創造」されるので、景気変動によって借入が増減するのに伴って増えたり減ったりする、きわめて不安定なものです。だからこそ、現代社会では銀行等の貸出行動の変化が景気変動や経済危機の要因の一つとなっているのです。

日本銀行の役割

こうした、民間銀行の信用創造に伴う通貨量の不安定性や、それに関わる景気変動を調整する役割を担うのが日銀です。

先に述べたように、日銀は日銀券を発行するだけでなく、「銀行の銀行」として「民間銀行のための預金口座」を開設し、銀行間の振替業務を担っています。そして民間銀行が日銀に預金したものを「日銀預け金（または日銀当座預金）」と呼びます。

民間銀行は、預金者が現金を引き出しに来た場合に対応できるように、預金の一定比率を現金か、すぐに現金に換えてもらえる「日銀預け金」として準備しておかなければなりません。準備不足で現金引き出しに応じられない銀行が発生すると、金融パニック（取り付け騒ぎ）が起こってしまうからです。法律により、民間銀行は預金の一定比率を「日銀預け金」として日銀の口座に保有することが義務づけられていますが、この比率のことを「準備預金率」と言います。日本の準備預金率は、預金の種別や総額によって異なりますが、わずか〇・〇五～一・三パーセントの範囲にあります。※16

日銀預け金には（通常は）金利が付かないので、景気がよい時には、民間銀行は日銀に最小限の預金しかせず、可能なかぎり企業や個人に貸出を行うか、国債を買います。民間銀行は「日銀預け金」の金額を準備預金率で割った金額まで、預金を創造してよいという計算になります。たとえば、準備預金率が一パーセントであれば、日銀預け金の一〇〇倍まで預金を増やすことが許されます（x ÷ [0.01x] = 100）。

日銀預け金と現金を合わせたものを「マネタリーベース」と言います（図5下段のグレーの部分）。このマネタリーベースは、日銀が直接的に量を管理できるもので、これこそが

（先の広義の「通貨」とは区別される）本当の通貨だと言ってもよいでしょう。銀行が「日銀預け金」を引き出しに来たときは、日銀はいくらでも日銀券を印刷して対応せねばなりません。ですから、日銀はマネタリーベースの総量を管理できても、現金と日銀預け金の内訳を自由に決めることはできません。

日銀は民間銀行から国債を買い上げた時に、その代金を日銀預け金に書き込むことにより、マネタリーベースを供給しています。日銀券をいくらでも印刷できるはずの日銀が、マネタリーベースを増やすのになぜ国債を買い上げないといけないのでしょうか。それは、日銀があまり無制限にマネタリーベースを増やすと悪性のインフレを招く危険性があるので、日銀は保有する国債（国内で最も安全な金融資産）等の金額の範囲内でマネタリーベースを供給しなければならない、ということになっているからです。二〇一八年三月末において、マネタリーベースは約四八七兆円であり、うち日本銀行券は約一〇四兆円、貨幣（硬貨）は約四・八兆円、日銀当座預金は約三七八・二兆円でした[※17]（図5の下段）。

さて、仮に民間銀行が信用創造を用いて、企業にどんどんおカネを貸しているという好景気の状況にあって、日銀が物価上昇を抑制したいといった理由でマネーストックを減らしたければ、「引き締め」は比較的簡単です。たとえば、日銀が保有する国債を民間銀行に売れば（「売りオペ」すれば）、銀行が保有する国債が増えた分だけ日銀預け金が減りますので、銀行にとって準備預金率の規制を守りながら創造できる「預金通貨」の総額が制約されるからです。また、準備預金率の引き上げは、直接にその規制を厳しくするものですが、同様の引き締め効果があります。

しかし、現在の日本のように、日銀が量的緩和でマネタリーベースを増やしても企業の将来不安がなかなか払拭《ふっしょく》されず、貸出が伸びない状況では、民間銀行は法定の準備預金額をはるかに超える金額を日銀に預けたままになります（これを「超過準備」と言います）。二〇一八年三月末時点では、法定の準備預金額が約一〇兆円なのに対して、預金取扱機関の日銀預け金は、実際には約三五三兆円にも上りました。[※18] 実に三五倍です。

ここから言えるのはどんなことでしょうか？　それは、日銀はマネーストックを間接的にしか操作できない、ということです。民間銀行が法定準備率を大きく超えて日銀預け金を積み上げて、貸出が増えない状況では、マネタリーベースを増やしてもなかなかマネーストックが増えず（これが「間接的」という意味です）、デフレを脱却するのが容易ではありません（それでも、日銀が国債を買い上げてマネタリーベースを増やす「量的緩和」が一定の効果を発揮したことは、すでに確認しました。詳細は注6を参照）。

さらにもうひとつ言えることがあります。それは、金本位制の時代には中央銀行が供給する通貨の根拠は金《きん》でしたが、現在では日銀の供給する通貨の背後にあるのは政府の国債だということです。そして、国債の出所は、究極的には政府の借金です。つまり、現行の通貨システムのもとでは、そもそも政府の借金がなければ、通貨は生まれないということなのです。

債務貨幣システムがもたらす問題

図5を作成する際に参照した、日銀の「資金循環統計（二〇一七年度）」という資料では、「一般政府」（中央政府、地方公共団体、社会保障基金が含まれる）の「負債（資金調達）」欄に、「債務証券（約一〇六九兆円）」と明記されています。※19 これは国債や地方債等のことで、いわゆる「政府の借金」のことを指しています。この半分弱の約四六四兆円を日銀が保有しています（図5下段の「国債等証券」に含まれる）。したがって、残りの約六〇五兆円を民間が保有しているということになります。

一〇六九兆円の借金と言われると大変な金額で、「やっぱり財政が大変だ！」と思う人もいるかもしれません。しかし、ここまでのご説明から分かるように、そもそも政府が借金をしなければ、つまり日銀が保有する国債がなければ、マネタリーベースを増やすことができません。また、企業や家計が借り入れをしなければ、民間銀行は信用創造によって「預金通貨」を増やすことはできません。これは、現在の通貨制度そのものが、実は債務によって成り立っているということを意味しています。そして、このような通貨制度は「債務貨幣システム」と呼ばれています。[※20]

この通貨制度のもとでは、そもそも健全な経済状況にあっても、成長する経済を機能させるために十分な貨幣（成長貨幣）を供給するためには、政府も民間も借金を増やさなければならない運命にあるのです。

こうした通貨システムが何を意味するのかと言うと、それは現行制度のもとでは、政府の借金の増加も、民間銀行による信用の膨張・収縮による景気変動や経済危機の発生も、必然的なものだということです。この意味では「債務貨幣システム」は本来あまり望ましい通貨制度とは言えません。

三つの貨幣制度の構想

このことを念頭に、私たちは三つの貨幣制度のあり方を構想することができます。

その第一は、「緊縮的現状維持」です。これは、民間銀行が「通貨」の大部分を無から創出する「債務貨幣システム」を当然のものと受け入れておきながら、その必然的な結果である政府の借金の増加を懸念して、財政黒字を至上の政策目的とし、社会保障支出の切り詰めや消費税増税を不可欠とし、中央銀行による政府の「財政ファイナンス」をハイパーインフレにつながる禁じ手とする考え方です（日本銀行が国債を買い上げる量的緩和政策は「間接的財政ファイナンス」、直接引受は「直接的財政ファイナンス」と呼ばれます）。

この緊縮的現状維持は日本では、財務省系エコノミストや主要新聞社の「常識」となってしまっています。この考え方は、好況時には特に問題はありません。好況時には物価上昇があまり過熱しすぎないように、マネタリーベースを減らす必要があるからです。しかしながら、もし不況時にこのような緊縮的現状維持政策がとられた場合には、「持続的な不況」が到来することになります。デフレ不況を解消するためにマネタリーベースを増やし、政府が国債を発行して財政出動を図ることが必要な状況に至っても、「政府の借金」の増加を恐れて抑制的な金融・財政政策しかとられないからです。

こうして緊縮的現状維持は、デフレ不況を持続させ、経済成長を停滞させ（あるいはマイナス成長にし）、失業率を高止まりさせるような状態を「維持」してしまいます。とりわけ、政府が国債を償還するとマネタリーベースがその分消滅し、民間の企業や個人が銀行に借金を返済するとマネーストックがその分消滅し、世の中におカネが回らなくなってしまいます。そうすると、企業の売上も政府の税収も減少してしまいます。つまり、財政黒字化や借金返済といった一見「健全」な行動が、かえって経済活動を停滞させることになるのです（一五七頁の「合成の誤謬」の説明を思い出してください）。

これに対して、第二の方法は、その債務貨幣システムの欠陥を除去しようとする、革命的な「公共貨幣（一〇〇パーセント準備システム）」の考えです。[※21] これは、日銀を完全な政府機関に変えて唯一の通貨発行機関（貨幣発行庁）とするとともに、法定の預金準備率を一〇〇パーセントとすることによって、民間銀行の信用創造を不可能にするものです。政府にとっては、貨幣発行額相当分は国債としてではなく、政府の純資産（株式のようなもの）としてバランスシートの右側に記載されることになります。このことによって、政府は債務の亡霊に脅かされる必要はなくなります。マネーストック量はマネタリーベース量と完全に一致し、政府は通貨量を完全に制御できるようになります。そして、民間の預金取扱銀行は無からおカネを創ることができなくなり、預金の取り扱いと振替の業務に徹して、手数料収入で稼ぐことになるでしょう。また、貸付を行う銀行は、民間からの貯蓄預金等によってその資金を調達せねばならなくなるでしょう。これにより預金取扱銀行の信用創造に伴う景気変動や金融バブル、金融危機は根絶されるのです。

基本的に、私はこのアイデアに賛成です。ただし、このシステムの実現を試みる政治家は、強力な金融業界からの激しい抵抗を覚悟せねばならないため、実現までに相当の時間がかかると思います。またこの制度が実現した場合、政府が賢明であれば通貨量を適切に制御できるでしょうが、無制限な貨幣発行権を政府がもつことになるので、激しいインフレが招来される危険性を心配する人もいるでしょう。

第三の方法は、私たちが唱導する「現行制度に基づく反緊縮的制御」です。これは現行の法律や制度を大きく変えることなく実行可能な、反緊縮的な貨幣システムの制御方法であって、これまでご説明してきた総需要を高めるための反緊縮的政策がそれにあたります。第二の方法のような「公共貨幣システム」の実現が当面期待できず、第一の方法のような「緊縮的現状維持」による「持続的な不況」が望ましくないとすれば、私たちは現状の「債務貨幣システム」のもとで、金融政策と財政政策による通貨量のコントロールを行わなければなりません。そしてそれを行うためには、まず考え方を変えて、政府債務や財政破綻、あるいはハイパーインフレの亡霊に対する「恐怖心」を克服しなければなりません。むしろ、それが取り越し苦労にすぎないことを理解せねばならないのです。

具体的には、まず、国債が円建てであるかぎり、日本政府が財政破綻することはありえないということを確認せねばなりません。次に、私たちは「日銀の独立性」という信仰を捨てて、それが政府の一部であることに納得しなければなりません。そして、日銀がマネタリーベースを一兆円増やすためには、政府が一兆円分の国債を発行して（間接的に、あるいは直接的に）日銀がそれを買い上げる必要があるということも理解せねばなりません。また、貨幣量を制御するためには、中央銀行による政府の「財政ファイナンス」が禁じ手でもタブーでもなく、節度を守って行うべきものであるという理解を共有しなければならないのです。

統合政府論と財政ファイナンス推進論

公共部門のバランスシート

緊縮財政を打破せねばならないとすれば、私たちはまず財政破綻の「恐怖」を払拭しなければなりません。財務省はバランスシートの負債側だけを見せて「国債残高は八八三兆円に上る」と宣伝し、新聞各社も財務省見解を丸呑みして政府は「一〇〇〇兆円を超す借金を抱えているのに、いつまで野放図な財政運営を続けるのか[※22]」などと書き立てていますが、これは正しくない認識です。国の財政は少なくともバランスシートの両面を見なければならないものだからです。

「一〇〇〇兆円を超す負債」と言いますが、図4-3で見たように平成二八（二〇一六）年度の政府のバランスシートによれば、政府（中央・地方）の純負債は約五四九兆円（負債一二二二兆円と資産六七三兆円の差）にすぎません（数百兆円の徴税債権もあるはずですが、これは明示されない慣行です）。このような議論について、財務省は国の資産は「取り崩せない、売れない」という趣旨の答弁をし、負債だけを示す誤った慣行を正当化してきました。※23 しかしそれは取り崩そう、売ろうと思えばそうできるもので、単に「当面は取り崩すべきでない、売るべきでない」ものにすぎません。民間企業でも工場などの保有資産のほとんどは「売るべきでない」ものではないでしょうか。それとも、企業のバランスシートの「純資産」は無意味だと言うのでしょうか。そんなはずはありません。

また前述のように、「政府の借金」とされる一般政府の負債一〇六九兆円のうちの約四六四兆円分は日銀が保有しています。こうして日銀が民間銀行から買い上げた国債は、政府の借金を日銀（政府の一部）が返済したことになるので、世の中から消えてしまったも同然です（つまり、日本政府の破綻がありえないのは、日銀が国債を買い上げることができるからでもあります）。政府と日銀を一つのものとして考えれば、「政府の借金」は巷《ちまた》で喧伝されるほどに大きなものではありません。この点を次に確認してゆきましょう。

統合政府：政府と日本銀行の連結決算

そもそも政府のバランスシートは親会社（政府）と子会社（日本銀行）の連結決算を行って「統合政府」として把握すべきものです。通常の企業の会計では、連結決算をする際には、親会社と子会社の間の債権・債務が相殺されます。つまり、政府と日本銀行を連結決算する場合には、政府の債務である国債と、日銀が資産として保有する国債が相殺されるということになります[※24]。

このようにして、平成二八（二〇一六）年末時点の日銀の調査のバランスシートを用いて、政府（図4-3と同じ数値）と日銀（図4-4とは数値が若干異なる）を連結決算した統合政府に関して、バランスシートを作成すると次頁の図6のようになります。国債が相殺されて、純負債が五四九兆円ということになりますが、負債のうち四七八兆円がマネタリーベースであるため、債務性のある純負債はわずか七一兆円ということになります。それは、量的緩和によって日銀が三〇〇兆円を超える規模の国債を買い上げたことが、民間に対して日銀が創った通貨で政府の債務を返済してきたのと、同じ意味をもつということです。つまり、量的緩和こそが実は財政健全化策であったと言えるのです[※25]。

先に述べたように日銀に入った国債は、世の中から消えてしまったも同然です。政府は日銀に国債の金利を支払いますが、日銀はその金利からわずかな経費を差し引いて（そしてある程度の内部留保をして）、「国庫納付金」として政府に返納しています。国債の満期が来たら、政府は借換債を含む新たな国債を発行し、日銀は満期が来た国債と同じ程度の金額を市中から購入し、残高を維持するのです（この慣行において、金利の変動などの心配があるのなら、日銀保有国債のかなりの部分を無利子の永久国債とすればよいと思います）。

図6　統合政府のバランスシート（2017年3月31日）

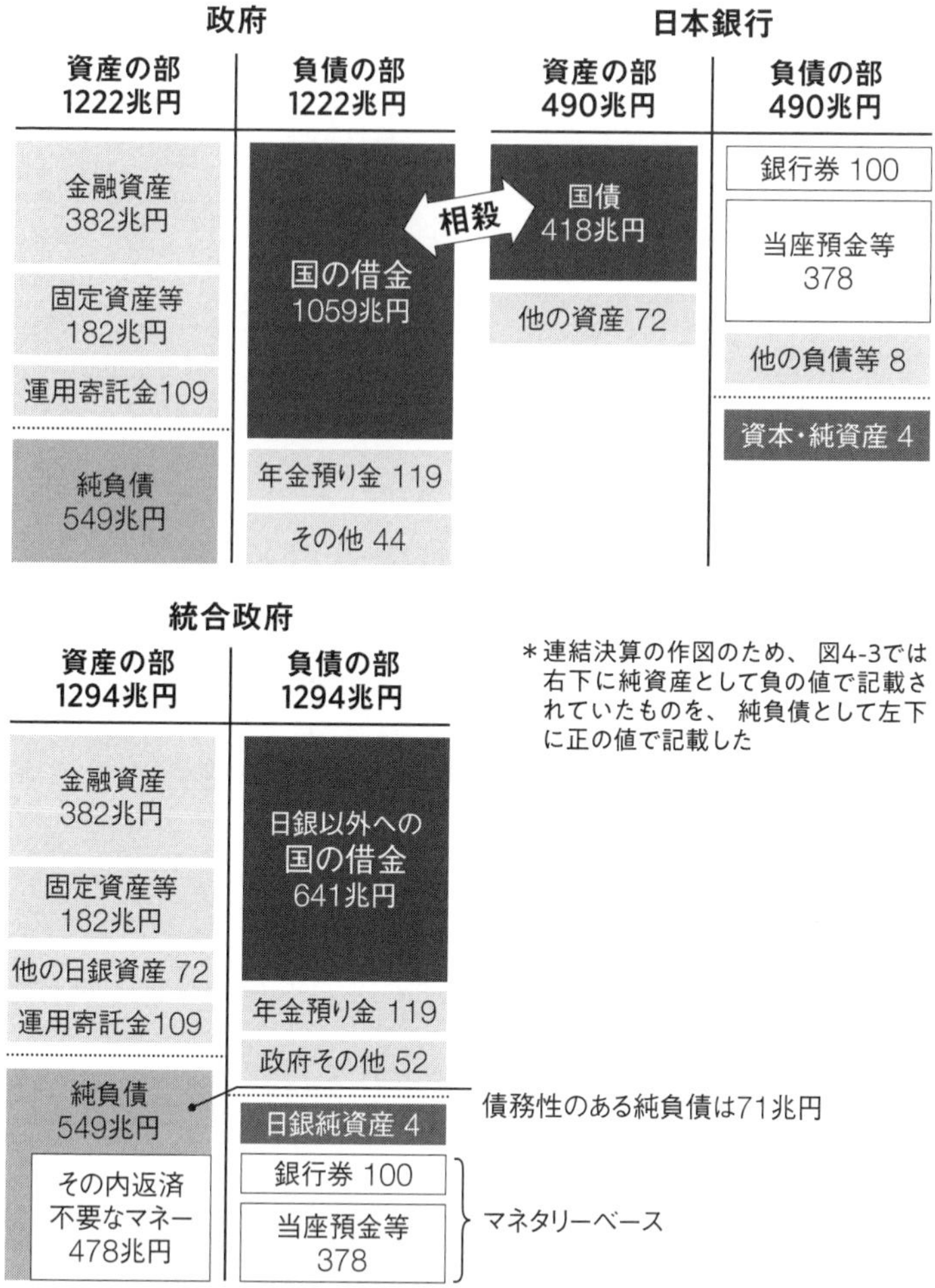

＊連結決算の作図のため、図4-3では右下に純資産として負の値で記載されていたものを、純負債として左下に正の値で記載した

出典：財務省「平成28年度国の財務書類」、日本銀行「第132回事業年度財務諸表等」より作成

なお、ユーロ通貨同盟に加盟したフランスやドイツ、イタリアやギリシャは、中央銀行を統合政府に含めることが、事実上できません。なぜなら欧州中央銀行（ＥＣＢ）は各国政府からの「独立性」が非常に強調されており、多くの場合、各国政府はＥＣＢに国債を買い上げてもらうことを期待するのが、困難な状況にあるためです。[※26] したがって、それらの国は日本よりはるかに財政事情が悪いと言うべきです。日本銀行という世界最強レベルの中央銀行を擁する日本政府が、日銀に国債を買い取らせることができるかぎり、円建ての債務の累積によって破綻することは到底ありえません。

ところで、ついに国際通貨基金（ＩＭＦ）が二〇一八年一〇月に、世界の主要国政府のバランスシートを比較し、「日本の公共部門の純債務はほぼゼロ」だとする報告書を公表しました（次頁の図7）。この図には、「公共部門の資産と負債は大きく、一般政府の債務を超える洞察がえられる」と書かれています。[※27] これはつまり、「日本の一般政府の債務は諸外国に比べて突出して大きいが、日本の公共部門の資産は負債（政府の借金）を埋め合わせることができるほどに大きく、純債務はほぼゼロだ」ということを表しています。このレポートによって、国際的にも政府（公共部門）の債務をバランスシートで捉えることが常識化されたと言えるでしょう。

図7　IMFによる各国公共部門の純資産

（対名目GDP比、2018年10月）

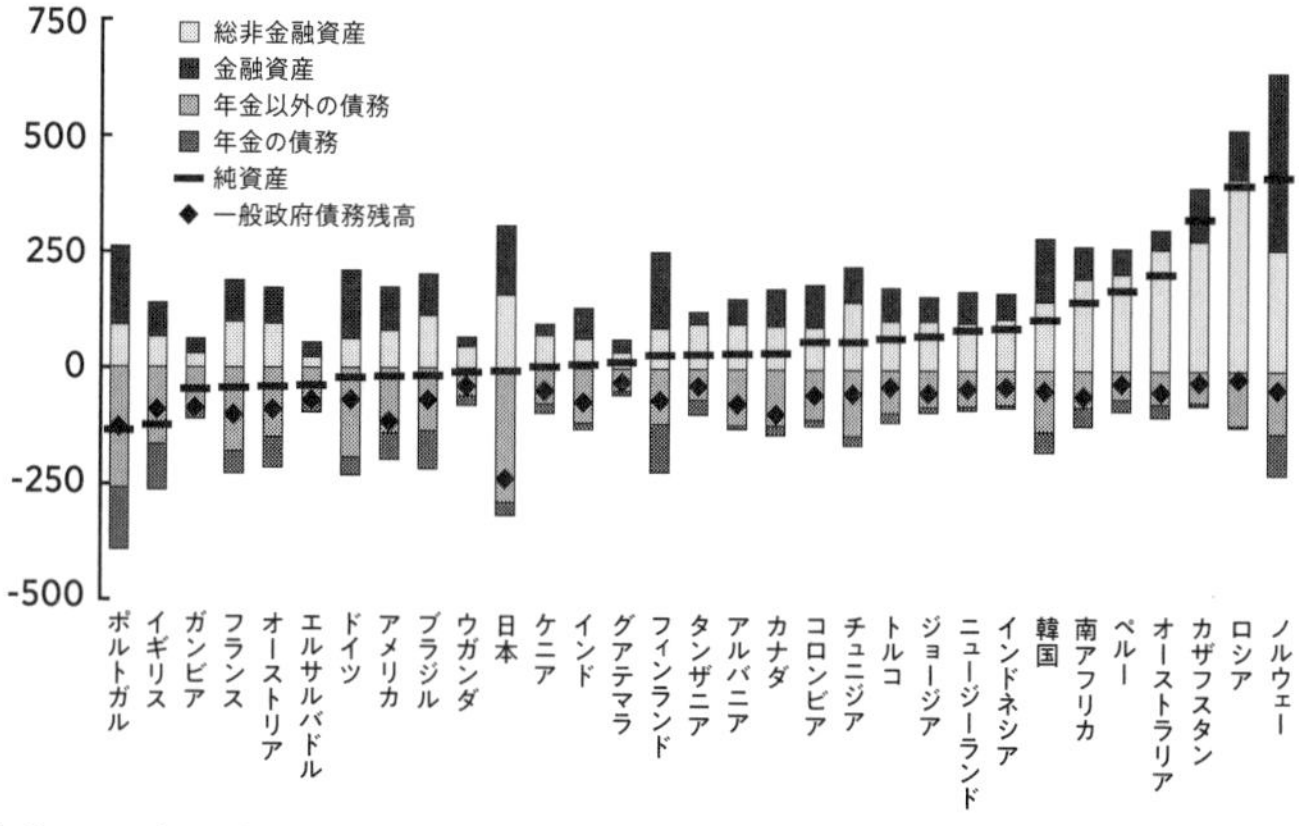

出典：IMF（2018）Fiscal Monitor Managing Public Wealth, October 2018

結論

本稿では、ケインズ派の反緊縮経済学の基礎を確認した上で、現在の通貨制度（債務貨幣システム）と財政の関係について考察しました。中央銀行を廃して政府が直接的に通貨量を制御する「公共貨幣システム」を実現させ、民間銀行による信用創造を禁止できれば、景気変動や金融バブルをおおかた根絶できますが、そこまでの道のりは遠いでしょう。現在の「債務貨幣システム」では、経済成長や景気回復のために通貨量を増やそうとすると、民間か政府が必ず債務を増やさなければならず、それを恐れてデフレ期に「緊縮的現状維持」の政策をとれば、その先に待っているのは「持続的な不況」でしかありません。したがって、現行の通貨制度に基づくなら、金融政策と財政政策に関して「反緊縮的制御」が不可欠となります。

中央銀行は本来、通貨価値の安定のみならず、雇用の最大化のためにも役割を果たすべき存在です。また、金利がゼロになった場合にも、量的緩和のような政策は必要です。実際に、日本でも二〇一三年以降の金融政策は一定の効果を発揮しました。しかし、金融政策だけでデフレ脱却ができなかったこともまた事実です。

デフレや不況を脱却するためには、それだけでなく財政政策も反緊縮的にすることが不可欠です。政府はデフレ期・不況期には緊縮財政（増税、政府支出の削減）を避け、国債を発行して、それを日銀が買い上げる政策（量的緩和）によって、財政支出を行うべきなのです。政府と日銀はそれによって悪性インフレを招くことのないように、（多くの国では）二パーセントの物価安定目標に基づいて節度をもって財政ファイナンスを行い、福祉（子育て、教育、介護）のための財政支出を拡充すべきです。そのような政策をある程度の規模で実施すれば、総需要が増加して、まもなくGDPギャップが埋まり（完全雇用に近づき）、人手不足によって賃金や物価の上昇が見られるでしょう。節度ある財政ファイナンスにも、もちろん限度があります。完全雇用GDPを達成したあとにもこれを続けると、物価上昇が過熱する可能性があるからです。しかし、実際には、物価上昇率が政府の定める物価安定目標を超えた場合にも、通常の金融政策手段（国債の売りオペや、準備預金率の引き上げ）によって制御することが十分に可能です。仮に、物価上昇率が物価安定目標（二パーセント）を一定期間にわたり大幅に超えた場合には（目安として、三パーセントを超えた場合には）、デフレの脱却は完了したものとして、増税等によって財政を健全化させ、金融政策を引き締めに転じればよいでしょう。

本稿で述べたような政策運営に、技術的な困難はどこにもありません。問題は多分に、多くの常識人たちの思想・心情に関わる領域にあります。大不況期の米国でニューディール政策を実施したローズヴェルト大統領が言ったように、「恐怖すべきは恐怖そのもの」なのです。

※1 銀行セクターの信用の膨張・収縮に伴う経済危機の防止も重要な目的の一つですが、これは本稿では副次的に扱うのみに留めます。

※2 日本銀行法の「目的（第一条）」「通貨及び金融の調節の理念（第二条）」を参照。第一条2に「（……）資金決済の円滑の確保を図り、もって信用秩序の維持に資することを目的とする」、第二条に「（……）物価の安定を図ることを通じて国民経済の健全な発展に資することをもって、その理念とする」との文言があるが、雇用に関わることは明示されていない。

※3 連邦準備制度ＨＰ参照（https://www.federalreserve.gov/faqs/money_12848.htm）

※4　国債には満期までの年数（年限）によって二年物、五年物、一〇年物、二〇～四〇年物などのほか、満期が一年未満の短期割引国債などがあり、利回りはそれぞれ若干異なる。他方、政策金利として代表的な短期金利としては、銀行間の翌日物金利（無担保コールレートオーバーナイト物）がある。

※5　より厳密に言えば、年限三年、額面一〇〇万円、表面金利（クーポン率）をc、年間金利支払い回数を二回、国債時価をp［万円］とするとき、以下の式で決まるiが国債金利である。cとiの値はパーセント表示ではなく小数（0.01など）である。エクセル等の表計算ソフトのソルバー機能によってiを求めることができる。

$$p=\frac{100\times\frac{c}{2}}{(1+i)^{\frac{1}{2}}}+\frac{100\times\frac{c}{2}}{(1+i)^{\frac{2}{2}}}+\frac{100\times\frac{c}{2}}{(1+i)^{\frac{3}{2}}}+\frac{100\times\frac{c}{2}}{(1+i)^{\frac{4}{2}}}+\frac{100\times\frac{c}{2}}{(1+i)^{\frac{5}{2}}}+\frac{100\times(\frac{c}{2}+1)}{(1+i)^{\frac{6}{2}}}$$

※6　「実質金利」と「名目金利」の関係について、説明を加えておく。「名目金利」は私たちにお馴染みの普通の金利のことであり、物価上昇率による調整を行っていないものである。それに対して実質金利は、名目金利から物価上昇率（過去から現在までの物価上昇率ではなく、今後数年間にわたり成立すると予想される予想物価上昇率）を差し引きしたものである。したがって、これらの間には「実質金利＝名目金利＋予想物価上昇率」という関係が成立する。この関係式をフィッシャー方程式とよぶ。

　この関係式によれば、名目金利が低い水準に張り付いていても、予想物価上昇率を高めることができれば、実質金利を下げ、設備投資を刺激することができる。名目金利はふつうマイナスになることはないが、たとえ名目金利が一パーセントとなっても、予想物価上昇率がプラス二パーセントとなれば、実質金利はマイナス一パーセントまで下げることができる。

　企業や家計が借金をするときに重要となるのは、将来の物価を考慮した実質金利の方である。その意味でも、二パーセント程度の物価安定目標を定めてそれを達成すべく量的緩和を続けることは重要であり、効果がないとしてやめるべきものではない。

※7　量的緩和の効果波及経路に関しては、宮尾龍三（二〇一六）『非伝統的金融政策　政策当事者としての視点』有斐閣、二六頁を参照。宮尾氏は二〇一〇年から二〇一五年にわたって日銀政策審議委員をつとめた人物であり、以前は非伝統的金融緩和の効果に懐疑的な経済学者であったが、量的緩和の効果を統計

的手法により実証し、この本で紹介している。他に、安達誠司・飯田泰之編著（二〇一八）『デフレと闘う金融政策の有効性 レジーム転換の実証分析』日本経済新聞出版社、によって、より新しい実証分析が示されている。

※8 松尾匡（二〇一六）『この経済政策が民主主義を救う　安倍政権に勝てる対策』大月書店、二八頁を参照。

※9 一九九七年と二〇一四年の消費税増税の影響（引き上げた税率の〇・八五六倍程度）を差し引きして補正した。〇・八五六倍という数値は、月次データを用いて「物価上昇率」を「失業率の逆数」と「消費税率引き上げ幅」によって回帰分析をして求めた係数である。

※10 政府については、財務省（二〇一八）「平成28年度　国の財務書類（一般会計・特別会計）」を、日本銀行については日本銀行（二〇一九）「営業毎旬報告（平成31年2月20日）」を参照。

※11 政府のバランスシートは発表が遅く、数年前の表が最新となります。

※12 この点について日銀の公式説明を知りたければ、日本銀行ＨＰ「銀行券が日本銀行のバランスシートにおいて負債に計上されているのはなぜですか?」（https://www.boj.or.jp/announcements/education/oshiete/outline/a23.htm/）を参照。

※13 日銀のバランスシートの公表は非常に早く、本段落執筆時点（二〇一九年二月二七日）において二〇一九年二月二〇日のストックを知ることができる。日本銀行ＨＰ（https://www.boj.or.jp/statistics/boj/other/acmai/index.htm/）「営業毎旬報告」を参照。

※14 「Ｍ３＝現金通貨＋預金通貨＋準通貨＋ＣＤ（預金通貨、準通貨、ＣＤの発行者は、全預金取扱機関）」と定義される。これら用語の定義や意味、Ｍ１やＭ２などの他の指標について、詳しくは、日本銀行（二〇一八）「マネーストック統計の解説」二〇一八年二月、を参照。

※15 マクロ経済学や金融論の入門的な教科書ではたいてい、現金がある銀行に預けられて（本源的預金）、その一部（法律で定めた準備預金率に相当する分）を残して引き出されて別の銀行に預けられ、またその一

部を残して引き出されて別の銀行に預けられ……というプロセスを無限まで繰り返すと、存在している現金の何倍もの預金通貨が創造される、これを「信用創造」と呼ぶ、といった説明がなされています（日本語版Wikipedia「信用創造」の項目を参照）。本稿でいう「信用創造」は、現金の存在に関係なく銀行はまず預金を創造でき、あとで法定の準備預金率などの規制を満たせるように調整する、という説に立っています（英語版Wikipediaの"Money Creation"の項目内のCredit theory of moneyの節を参照）。

※16 総額の大きな要求払預金が最も大きい。詳細は、日本銀行ＨＰ「準備預金制度における準備率　公表データ」（https://www.boj.or.jp/statistics/boj/other/reservereq/junbi.htm/）を参照。

※17 日本銀行調査統計局「マネタリーベース（２０１８年３月）」を参照。

※18 日本銀行「資金循環統計（二〇一七年度）」ｘｌｓファイル（タブ21）を参照。その他の金融機関の約二五兆円を合わせて、図5の三七八兆円と一致します。

※19 日本銀行［前掲］のｘｌｓファイル（タブ19）を参照。

※20 山口薫（二〇一五）『公共貨幣　政府債務をゼロにする「現代版シカゴプラン」』東洋経済新報社、を参照。

※21 山口（二〇一五）［前掲］を参照。「公共貨幣」は山口薫氏が発案された適切な用語である。このアイデアは、アーヴィング・フィッシャー教授が生涯をかけて実現のために尽力したが、果たされなかったものである。

※22 毎日新聞「社説　初の１００兆円予算案　借金漬けでも野放図とは」（二〇一八年一二月二二日付け朝刊）より引用。他の新聞社も同様である。

※23 財務省ＨＰ「政府の負債と資産」（https://www.mof.go.jp/faq/seimu/03.htm）を参照。

※24 政府と中央銀行の連結決算については、Romanchuk, Brian（2015）"Primer: Can We Consolidate The Central Government And Central Bank?"（http://www.bondeconomics.com/2015/03/primer-can-weconsolidate-central.html）を参照（日本語版は、拙訳を以下のURLで読むことができる。https://economicpolicy.jp/wp-content/uploads/2017/06/translation-005.pdf）。

※25 統合政府の財政再建が事実上完了しているという点について、詳しくは、森永卓郎（2017）『消費税は下げられる！　借金1000兆円の大嘘を暴く』角川新書、を参照。

※26 たまに、ECBの意思で特定の国の国債の買い入れが行われることもありますが、いつもそうというわけではありません。欧州中央銀行がその権限を濫用して、いかにして二〇一五年にギリシャの急進左派連合政権を追い詰めたかについては、『黒い匣：密室の権力者たちが狂わせる世界の運命　元財相バルファキスが語る「ギリシャの春」鎮圧の深層』（ヤニス・バルファキス著、明石書店、朴勝俊・松尾匡ほか訳）を参照。

※27 ここでいう公共部門は公企業や中央銀行を含むもので、いわゆる「一般政府」より広い概念である。

リベラル再装塡のために

宮崎哲弥

みやざき・てつや

1962年生まれ。慶應義塾大学文学部社会学科卒業。評論家。相愛大学客員教授。専門は仏教思想・政治哲学。サブカルチャーにも詳しい。著書に『仏教論争　「縁起」から本質を問う』（ちくま新書）『ごまかさない仏教』（共著、新潮選書）『知的唯仏論　マンガから知の最前線まで　ブッダの思想を現代に問う』（共著、新潮文庫）『さみしさサヨナラ会議』（共著、角川文庫）など多数。

本稿は『週刊文春』に二〇一二年から二〇一九年現在まで連載されている宮崎哲弥氏の時評「時々砲弾」から、「反緊縮」に関連する経済時評をセレクトし、加筆修正を施して再録したものである（編集部）。

革命のエチュード

日本の言論状況を概観していると、手の付けられないほどデタラメな論議が堂々と罷《まか》り通る様にしばしば愕然とさせられる。

『21世紀の資本』（邦訳はみすず書房）の著者、トマ・ピケティの来日の報道、論評も同様。朝日新聞や毎日新聞がピケティの議論の一部を都合よく取り出して、アベノミクス批判だの、反成長論だのといった「我田」に「引水」してみせたのはお定まりの笑い種として、反対の論陣を張った読売新聞（二〇一五年一月二六日付け朝刊）の社説もおよそ一流紙とは思えない低レヴェルの代物だった。日本のジャーナリズムは、とうとう右も左も「反知性主義」に覆われてしまったらしい……。

と侮っていたら、何と日本経済新聞の同年二月一日付け朝刊に極めて有益なインタヴューと切れのいい総括が掲載されていた。滝田洋一編集委員の仕事である。

滝田氏が名目GDPがピークよりも四〇兆円も縮んでいるグラフを示すと、ピケティは率直に驚いて「19世紀末の英国が想起される。当時の英国はデフレに直面し、非常に大きな政府債務を負っていた」と述べた後、現在の日本に特徴的な現象として「物価の下落と人口の減少」を挙げている。では「物価の下落」、即ちデフレにはどう対処すべきか。

「物価の問題についていえば、中央銀行がお札を刷り金融機関に貸し出すことで、インフレをつくり出すことは可能だ」「これはインフレの必要条件だが、十分条件とはいえない」

朝日や毎日の記者ならここで喜び勇んで〝ピケティ氏は金融緩和によるインフレ誘導政策に否定的な見方を示した〟などと勝手に纏《まと》めてしまう。〝章を断ち義を取る〟の典型、アベノミクス批判への牽強付会だ。

〝金融政策はデフレ克服の必要条件〟とピケティがしっかり述べているのに、そこを飛ばして〝でも、十分条件ではない〟という部分だけを強調するのだ。実に悪質。ピケティはこう続けている。

「お札を刷るだけでは、消費や設備投資の回る保証はない。消費者物価の上昇ではなく、資産インフレを招きかねない。安倍政権の経済政策『アベノミクス』は株式や不動産のバブルを生むリスクをはらんでいる。肝心の物価の上昇を実現するには、金融を緩和すると同時に賃金の上昇を果たす必要がある」

まことにごもっとも。

彼はインターネット上でのインタヴューでも、財政赤字解消のためには「若干インフレに誘導をし、若干債務のリストラクチャリングをやりという風に、組み合わせていくというのが一番いい」と語っている（「トマ・ピケティ氏、『民主主義は闘争。誰もが関わらなければならない』と日本の若者にメッセージ」BLOGOS、同年一月三〇日掲出）。先に挙げた一九世紀のイギリスの場合、成長もインフレもなしに、歳出削減のみで債務を返済した。これにまる一世紀が費やされた。その結果として公的教育などが貧困化し、成長が阻害され、さらに格差が広がったのである。

格差を拡大させる消費税増税や緊縮政策で財政を立て直そうとしてはならない。ピケティは先のギリシャ総選挙においても、第一党となった緊縮財政反対派の急進左派連合（スィリザ）支持を宣明している。

もし税制改革で歳入を増やすとすれば、国内的に採るべき方途は所得税の累進性の強化や相続税のアップである。もちろんその場合でも経済成長が前提となる。

日経のインタヴュアーの滝田氏は「格差是正を求める論者は、しばしば反成長を唱える。それとは一線を画し、ピケティ氏は成長の重要性を否定しない」「長期の経済停滞が格差拡大を招いた日本でこの点を確認するのはとても大切だ」「経済停滞を打ち破ることが、日本では格差是正の第一歩といえる」と総括しているが、これに付け加えるべき言葉は何もない。

朝日、毎日や民主党はピケティに接して一体何を学んだのやら。

（初出：『週刊文春』2015.02.12）

ロストエイジ

戦後七〇年のおよそ三分の一が、どうして「失われた」不毛の時代に堕してしまったのか。「失われた二〇年」論の目的は、詰まるところその原因究明である。

前回（『週刊文春』二〇一五年六月二五日号）取り上げた「大機小機」（「マクロなき『失われた20年』論」日本経済新聞、二〇一五年六月二一日付け朝刊）は、バブル崩壊直後の「1990年代初頭に株価と地価が急激に下がる資産デフレになったにもかかわらず、政府・日銀の対策が後手に回ったこと」を失政の始まりとしている。

資産価値の急落は債務者の実質的な返済負担増に繋がり、やがて負債デフレ（デット・デフレーション）の連鎖を引き起こす。

ここらの機制は、本誌（『週刊文春』）二〇一五年五月二八日号の「私の読書日記」で鹿島茂氏によって「必読の一冊」と絶賛された岩井克人氏の『経済学の宇宙』（日本経済新聞出版社）に、とてもわかりやすい説明があるので引用しよう。

まずデフレの基本から。

「デフレーションは現金通貨の実質的な価値を増やし、消費を刺激するでしょう。でも、それは同時に、消費者や企業が抱えている金融負債の実質負担を重くし、消費や投資を抑えてしまう効果を持ちます。しかも、民間の負債総額は現金通貨の流通額に比べて桁外れに大きく、例えば現在の日本では八十倍程度の大きさになっています」「借り手はおカネを使いたい何かがあるから借り手となるのであり、貸し手はお金を使いたい何かがないから貸し手になるのです。借り手の方が貸し手よりも、当然、おカネを支出したいという意欲ははるかに高いはずです。したがって、デフレーションは、支出の意欲の相対的に高い個人や企業の負担を増やしてしまうことによって、経済全体で見ても総需要に対してマイナスの効果を持ってしまうのです」

それが負債デフレによって悪循環に繋がる。デフレ不況のメカニズムだ。

「さらに、デフレーションが進み、負債の実質負担の重みに耐えきれずに借り手が返済を延期し始めると、それは不良債権となります。借り手が万策尽きて倒産してしまうと、その瞬間に貸し手の債権は不良ですらなく、無と化してしまいます。その分だけ資産が消えてしまう。総需要は一層落ち込み、デフレーションは深刻化していくのです。これが『負債デフレーション』です。不況とデフレがお互いの原因となる悪の連鎖にほかなりません」

岩井氏は、この理論によって説明できる事例の一つとして「九〇年のバブル崩壊から始まった日本の平成大不況」を挙げている。

ではどう対処すべきだったのか？　岩井氏は、黒田東彦日本銀行総裁による大規模金融緩和の実施直前、日経新聞でこう論じている。

「『失われた20年』は、デフレで失った20年であった。いま政権交代を契機にした日銀のインフレ目標採用により、ようやくデフレから脱却する道筋が見えてきた。まずはこの政策転換を歓迎したい」（「経済教室」二〇一三年三月一四日付け朝刊）

鹿島氏も特筆する通り、岩井理論は貨幣化した資本主義経済の本質的不安定性を明らかにした。だがそれは、毎月のように出版されている通俗的な資本主義終焉論とはまったく異なる。

例えば岩井氏は『経済学の宇宙』で、トマ・ピケティの実証研究を踏まえ、経済格差の拡大、固定化に対する施策として「景気の底上げによって雇用の質を高める」ことと「社会保障制度の再分配機能を強化していく」ことを挙げている。

終焉論者はすぐに大仰な歴史的〝必然〟論に逃げ込むが、ここにそのような頽廃は一切ない。不安定性が本質でも、その制御の可能性を手放さない。これが真っ当な経済学者の生き方である。

バブルの発生と崩壊、そしてそれに続く平成デフレ不況は確かに貨幣経済の不安定、不均衡が齎《もたら》した現象であろう。だが、金融や財政の当局が適切な政策を速やかに実行していれば制御可能だったのだ。

（初出：『週刊文春』2015.07.02）

財《レッツ》政で《ゲット》ゆこう《フィスカル》！

原アベノミクスの三本の矢とは、（1）大胆な金融政策、（2）機動的な財政出動、（3）民間投資を呼び起す成長戦略、だった。

だが、（3）はサプライサイド（供給側）の改革、所謂構造改革が主であり、それらは恒久的に不要、とまではいわないが、現下のデフレ脱却という課題にはまったく不急の施策なのだ。

病根はサプライサイドではなくディマンドサイド（需要側）にある。総需要が不足しているのだ。フィナンシャル・タイムズ経済論説主幹のマーティン・ウルフの言葉を思い出そう。「『供給でなく需要が重要なのだ、愚か者』ということだ。民間、特に企業部門の構造的な貯蓄過剰が政府を赤字財政に向かわせて債務が膨らんでいる」（「アベノミクス、核心は民間需要の不足」日本経済新聞（電子版）、二〇一六年一月一二日付け）。

どうして日本の新聞にはこういう正鵠を得た論説が載らないのだろう。メディアで頻《しき》りと語られるのは「アベノミクス第三の矢が不発」という話ばかりだ。しかしスティグリッツが強調しているように、総需要が不足している状況下でいくら構造改革を推し進めても「失業を増加させるだけで、経済成長には寄与しない」のである（「国際金融経済分析会合」第一回資料より）。「こんなことは、完全雇用に達したあとではじめて意味がある」のだ（松尾匡『この経済政策が民主主義を救う』大月書店）。とくに法人税減税や金融市場の規制緩和、TPP（環太平洋経済パートナーシップ協定）推進など愚の骨頂である。

不発だったのは第二の矢の方だ。こちらは第三の矢と異なり緊要な政策だった。再びウルフの説示を引く。

「財政政策の矢は放たれていない。国際通貨基金（IMF）によると、13年の日本の財政拡大は景気循環要因調整後でGDPの0・4％に過ぎない。同調整後の財政赤字は14年、同年春の消費税率5％から8％への引上げという誤った政策を主因としてGDP比1・

3%減少している。15年も同様の緊縮となる見通しだ」（ウルフ、前掲）。同様に、ウォール・ストリート・ジャーナルも「第二の矢である財政出動は財務省の圧力を受け間もなく減少した」と第二の矢の不発を報じている（「アベノミクス、行き詰まりへの道」同年二月一二日付け）。

ここでも日本の経済政策報道の歪みを看て取ることができる。一般の人々は二〇一四年以降も、第二の矢の方針通り、大規模な財政拡張策が維持されていると思い込んでいるはずだ。それどころか新聞等の予算関連の報道は例外なく、「過去最大規模」だの、「財政規律が緩んでいる」だの、「大盤振る舞い」だの、「無駄遣いの懸念がある」だの、果ては「ばらまき」だのと報じてきた。緊縮財政への変質を批判した一般紙は皆無だ。

はっきりいって、この国の新聞は擬似現実を捏造している。その閉ざされた言説空間が英米のジャーナリズムによって破られるという異常事態だ。

旧民主党に愛想を尽かした嶋聡氏の言ではないが「『アベノミクスは破綻した』と非難するだけでは、まるで日本経済の失速を願っているような印象を残すだけだ」（「日曜に想う／メインにならぬニッチでは」朝日新聞、同年三月一三日付け朝刊）。けれど第二の矢の不発という失政は、リベラルにとって恰好の攻めどころのはずである。

スティグリッツやポール・クルーグマン、ローレンス・サマーズらリベラル系経済学者の提言にもあるように、世界経済の大沈滞、長期停滞に対処できるのは財政政策である。金融緩和は必須だが、補助的な役割に限定される。

リベラルこそアベノミクスの不履行を突き、消費減税と大規模補正予算を公約すべきだ。だが到底リベラルとは思えぬ緊縮派が野党の幹部に居座る限り、かかる時策は採り得まい。まずは野党におけるパワーシフトが必要だ。

（初出：『週刊文春』2016.04.14）

タックス・ウォーズ

朝日新聞の原真人編集委員といえば、ちょっと前に元債券ディーラーの言を論拠にして、金融緩和や消費税増税延期を批判する論評で紙面を飾り、専門家筋を大いに沸かせた。その元ディーラーは四年ほど前、フィナンシャル・タイムズで万年国債暴落予言者として名指しされた御仁である。

ノーベル経済学賞受賞者や世界で最も信頼の厚い経済ジャーナリストの分析、提言は軽視もしくは無視して、マーケットエコノミストの万年財政破綻論を取り立てる……。これが果たしてリベラルを自任するクオリティペーパーに相応しい文章か、朝日新聞はよくよく考え直してみるべきだろう。

その原編集委員が珍しくまともなことを書いている。二〇一六年五月三日付け朝刊掲載の「賢者の提言、受け止めるべきは」と題されたコラムだ。大筋では相も変わらぬデタラメな財政危機説に基づくタカ派政策論の繰り返しなのだが、次の一節が目に留まった。

「ちなみにクルーグマン、スティグリッツ両氏は消費増税に反対だが、増税すべてに反対ではない。彼らが求める財政出動には財源が必要で、例えば環境税や相続税、法人税の増税を推奨している」

この所述はまったく正しい。そして私が年来主張してきたことでもある。

経済リベラルは一般に、緊縮政策には異を唱えるが反増税の立場は採らない。経済格差を是正し、所得再分配を促進し、景気を浮揚させる効果のある税制改革にはむしろ賛成である。以前にも紹介したポール・クルーグマンらによる『金持ちは税率70％でもいいVSみんな10％課税がいい』(東洋経済新報社)や、トマ・ピケティの累進課税論を思い出して欲しい。

然るに消費税は、逆進的で再分配機能が弱く、消費支出に与えるダメージが大きい。少なくとも需要不足解消が最大の課題になっている現況下での消費増税など、以ての外だ。

では、私達は財政と税の問題にいかに向き合うべきなのか。

例えば「パナマ文書」問題が明らかにしつつあるのは、租税国家の基盤が掘り崩されている現実だ。

ピケティの弟子、ガブリエル・ズックマンによれば「世界規模では、家計の金融資産の8％がタックス・ヘイブンにある」という。およそ七五〇兆円に相当する。これは史上最高の数字だ。「EU圏では、この割合は12％近くになる」「フランス人は、オフショアによそ3500億ユーロを保有する。そのうちの半分はスイスにある。銀行の秘密業務によって可能になる巨額脱税がなければ、フランスの公的債務は、対GDP比で現在の94％から金融危機発生前のレベルの70％にまで下がるだろう」（ズックマン『失われた国家の富』NTT出版）

日本からも五〇兆円を超える膨大な資産がタックス・ヘイブンに流出したとされる。しかしこれでも日本の富裕層の利用は少ない方なのだ。前掲書巻末に添えられた渡辺智之氏の解説によれば「ズックマンはこの原因を日本の資本所得課税が比較的軽いためであろうと推測している」そうだ。

だが、いずれにせよ本来富裕層が負担して然るべき税が低く抑えられている点に変わりはない。

ズックマンの著作には、タックス・ヘイブンを有効に規制するために採るべき具体的な施策が並べてある。あとは被害を受けている国々の指導者の決断次第だ。

では日本政府は何をなすべきか。「国際金融経済分析会合」でジョセフ・スティグリッツが推奨した炭素税の導入、そして相続税などの資産課税や法人税の増税、所得税の累進性強化は、すぐにも検討してよい課題である。

需要の喚起や穏やかな成長と矛盾せず、格差を拡大させることなく、財政を立て直す道はいくらもある。それは決して緊縮策や消費税率引上げではない。

原編集委員こそ「賢者の提言」を虚心に聞くべきだ。

（初出：『週刊文春』2016.05.19）

ヒステリシス

二〇一六年五月一八日、内閣府は二〇一六年一～三月期の実質GDP（国内総生産）成長率の第一次速報値を発表した。前期比〇・四パーセント増、年率換算で一・七パーセント増だった。これで二〇一五年度の実質成長率は〇・八パーセント増となった。

辛くもプラスに踏みとどまったとはいえ到底褒められた数字ではない。アベノミクスとして一括される経済政策群を一つずつ再点検してみる必要があろう。

結論からいえば、この国の経済が抱える〝痼疾《こしつ》〟を治さんとするに、その〝療法〟がうまく対応していないのだ。マーティン・ウルフがつとに指摘するように、日本経済の真の問題は民間需要の弱さにある。これを克服するには総需要拡大政策が必須となる。もちろんアベノミクスのうちの金融政策や財政政策は需要を喚起することを目的としたものだが、金融緩和措置は十分でも、財政拡張は二〇一四年以降施行されていない。第二の矢は一三年しか放たれなかったのだ。

こうした見方に対して、日本の問題は「実力不足」であって、需要不足ではないなどと反論する者がいる。ここでいう「実力不足」とは潜在成長率の低迷を意味する。今次のGDP速報を報じる記事でも、同様の所見を示すものがあった。

「アベノミクスが始まった13年1～3月期以降の全13四半期のうち、マイナス成長は5回。頻繁にマイナス成長に陥るのは日本経済の実力を示す潜在成長率が0・2%（日銀試算）と低いためだ」「この状況で財政政策などで無理に需要を増やせば人手不足が一段と深刻になる可能性がある。安定した成長を目指すには潜在成長率の引上げが欠かせない」（日本経済新聞、二〇一六年五月一九日付け朝刊）

潜在成長率とは国内の物やサーヴィスを生産するために必要な三つの要素――労働力、資本、生産性を最大限利用しきった場合に実現するとされる仮想の成長率をいう。一見してわかる通り、すべてサプライサイド（供給側）のファクターであり、もしこれが成長停頓の真因であるとするならば、総需要の増加によっては不況から脱し得ないことになる。

他方、ジョセフ・スティグリッツらはオーソドックスに総需要不足を景気低迷の元凶とし、かかる状況下でのサプライサイドの構造改革は無効とみている。

そもそも潜在成長率はディマンドサイド（需要側）の影響を受けないのか、という問題もある。一五年以上の長きにわたるデフレ、総需要不足による不況が潜在成長率低下を齎《もたら》したのではないか、という問いだ。

日経の匿名コラム「大機小機」が最新の経済理論をうまく纏《まと》めている。

「ここで役立つのが『履歴効果』だ。1980年代からある考え方だが、米ハーバード大のラリー・サマーズ教授が長期停滞論との関係を論じ、最近になって復活している。／不況が長引くと物的資本や人的資本への投資が減少し、不況の影響が履歴のように潜在成長率に残っていくという考え方だ」（同年五月一四日付け朝刊）

需要刺激策全般に否定的な池尾和人氏もこの経路の可能性自体は認めている。

「需要不足が潜在成長率を押し下げるという関係として、ヒステレシス（履歴）効果が挙げられる。例えば、需要不足の結果、長期間失業状態を強いられていると、その間に労働者の技能が失われることになり、その後の潜在成長率引き下げにつながるといった状況が

該当する」（「経済教室／潜在成長率 高められるか（上）」日本経済新聞、二〇一五年六月八日付け朝刊）

ヒステリシスとはギリシャ語で「遅れてくるもの」の意味。もともとは物理学でよく用いられる語だ。一般的には「加える力を最初の状態のときと同じに戻しても、状態が完全には戻らないこと」を指す。

履歴効果説《ヒステリシス》は机上の理論ではなく、日本でも永濱利廣氏をはじめエコノミストや経済学者によって実証が重ねられている。「実力不足」にも需要不足の呪縛が効いているのだ。

（初出：『週刊文春』2016. 06.02）

経済政策における右と左

「マクロ経済に関するドイツの考え方はなぜかくも奇妙なのか」

フィナンシャル・タイムズの経済論説主幹、マーティン・ウルフは率直に危疑の念を呈している（「ユーロ圏はドイツのものか」フィナンシャル・タイムズ、二〇一六年五月一一日付け／日本経済新聞、同年五月一五日付け朝刊の訳による）。

ドイツの理屈は「金融緩和や財政出動などの総需要刺激政策は構造改革を阻害する」という日本銀行や朝日新聞に代表される経済右翼メディアが繰り返し唱えてきたお題目とまったく同じだ。

アンゲラ・メルケル首相やヴォルフガング・ショイブレ財務大臣はこの怪しげな信念を、手を替え品を替えて説き続け、ＥＣＢ（ヨーロッパ中央銀行）が進めようとしている国債購入プログラムやマイナス金利などの積極策、各国に協調的な財政出動を求めるＧ７における日本のイニシアティヴの足を引っ張ってきた。

最もインフルエンシャルな経済ジャーナリストと目されているウルフは「２０１５年第4四半期のユーロ圏の実質需要は08年第1四半期より2%少なかった」ことを指摘、「この深刻な需要不足という視点がドイツによる批判からは抜け落ちている」という。

ドイツは二〇〇〇年代の初めに「人件費と労働者の収入を削る」労働市場改革を断行した。それ以前、ドイツ企業は内部留保を上回る投資を行っていたが、いまはその逆。超低金利にもかかわらず、国内貯蓄の三分の一も投資に回っていない。家計も貯蓄過剰。政府も財政均衡を維持しているため、日本型デフレ突入の軌道を〝勇往〟している。ウルフ曰く、労働市場改革以後の「ドイツ経済は構造改革が今の問題解決にはならないことを示している」。

ちなみに日本の総需要不足状況はもっと極端で、民間企業に実に三六六兆円もの内部留保が貯まっている。企業収益を伸ばしたのは確かにアベノミクスの功績といえるが、需要不足が解消していないため、膨大な資金が企業内に滞留してしまっているのだ。設備投資にも従業員の給与にもなかなかお金を回そうとしない。譬《たと》えるならば、実を撓《たわわ》に稔らせたところまでは成功だったが、熟す前に全部落果してしまったかたち。こういうときに消費税増税や財政支出の削減、金融引締め、サプライサイドの構造改革などを実行したら一体どうなるか。高校生にも十分わかる話ではないか。

ドイツは対外黒字を不適切に溜め込んでいる。ここでいう黒字とはドイツ経済の良好や安定を示すものではなく、国内の総需要不足の反映に過ぎない。

「ECBがデフレ阻止に動くのも、国家レベルでよりバランスの取れた需要を目指そうとするのもそのためだ。ドイツの需要不足こそが大問題だ。欧州連合（EU）の『（経常収支や財政収支が）不均衡な国に対する是正勧告』の在り方は、ドイツの黒字に対し、もっと厳しくあるべきだ」（ウルフ、前掲）

然るにドイツ経済諮問委員会のクリストフ・シュミット委員長のごときは、この期に及んでなお、金融緩和や財政出動を、構造改革の遅延を誘う〝麻薬〟と非難するのである。日本でもついこのあいだまで、各所で高唱されていた戯言だ。

どうしてドイツはこんなに奇妙な信念の虜となっているのか。

マーティン・ウルフはその元凶を示唆している。

「経済学者故ヴァルター・オイケン氏が戦後に生み、ドイツで強い影響力を持ったオルド自由主義に遡る。この考え方は3つのマクロ経済的要素を重視する。（ほぼ）恒常的な予算均衡、物価の安定（インフレよりはデフレが望ましい）、そして自由市場だ」（前掲）。

財政均衡主義、デフレ肯定、自由市場万能論……まさにマネタリズム、新自由主義の経済政策論と寸分も違わぬ。それはリベラル経済学に反対する経済右翼の虚偽意識《イデオロギー》の源流なのである。

（初出：『週刊文春』2016.06.16）

戦後経済史における右と左

戦後ドイツに取り付いた奇怪な経済イデオロギー、「オルド自由主義」については、前回引用したフィナンシャル・タイムズ経済論説主幹のマーティン・ウルフだけではなく、それに先立つ一年半前に同紙のコラムニスト、ウォルフガング・ムンチャウが手厳しく批判している（"The wacky economics of Germany's parallel universe" 二〇一四年一一月一六日付け）。

曰く、オルド自由主義は一九四五年以降、ドイツの中道右派の支配的なドクトリンとなり、一九九〇年代にはドイツ社会民主党によって取り入れられ、同党のゲアハルト・シュレーダー政権による労働市場の自由化、社会保障費の大幅削減等の「改革」政策を正当化する理論として機能した。

そうした「改革」の結果、前回のマーティン・ウルフの論説にあった通り、企業の内部留保も家計の貯蓄余剰も膨らんだ。構造改革は総需要喚起には完全にマイナスだったのだ。「ドイツ版ピケティ」の異名を持つジャーナリスト、イエンス・ベルガーは、この間シュレーダーが強行した政策をこう酷評している。

「左派であるはずの政権が、ほんの数年で社会保障費を削減し、保守党を超えるほど右寄りの政策で国政を根底から覆し、改革支持派メディアの賞賛を受けるとは、歴史の皮肉としか言いようがない」(『ドイツ帝国の正体』早川書房)

どこか、総需要拡大政策を否定し、逆進的な消費税率の引き上げになお拘り、歳出抑制を旨とし、ミクロな改革ばかりを掲げる民進党執行部と、その姿勢を支える朝日新聞との蜜月関係を想起させる。

より保守寄りのアンゲラ・メルケル政権が、オルド自由主義を思想的基礎とする反リベラル、反ケインジアニズムの経済政策を継承したことはいうまでもない。

ベルガーがドイツ政府に要求しているのは、富裕層の資産の正確な捕捉、資産課税の強化、所得税の最高税率の引き上げ、法人税の増税、富裕層に対する特別税の導入、相続税の特別控除規定の廃止などとともに、本邦の消費税に当たる付加価値税の引き下げである。

問題点が日本と驚くほど似ていることがわかる。

戦後ドイツが財政均衡やインフレ忌避に異常なまでに執着する背景には、第一次世界大戦後のハイパーインフレがナチスの擡頭《たいとう》を齎《もたら》したという「歴史認識」が控えているという説もある。

だが、この「歴史認識」は端的に誤っている。ナチスが政権掌握した一九三三年は大戦後の悪性インフレの終息から一〇年が経過しており、当時は世界恐慌の波及でドイツもデフレに陥っていた。デフレと大量失業こそがナチスを歴史の表舞台に呼び出したのである。「ユーロ危機後デフレと大量失業でスペインやギリシャで急進左派政党が伸びている現実は、実はドイツの歴史と重なるのだ。だが、ドイツではなぜかインフレの話しかしない」(田中素香『ユーロ危機とギリシャ反乱』岩波新書、傍点は筆者による)

朝日新聞紙面には稀な、真っ当な経済論説が載る「経済気象台」欄に「経済失政とトランプ現象」の牽連性に関する卓見を認めた(二〇一六年六月一日付け朝刊)。

アメリカの「エリートたちはグローバリゼーションと経済成長の果実を一般国民に広く

分配することを怠り、大恐慌なみの金融危機リーマン・ショックを引き起こしながら責任を取ることもしなかった。トランプ氏の経済政策が、低金利政策の継続とインフラ整備を中心とする財政政策という国民生活に配慮したものであることは偶然ではない」

論鋒《ろんぽう》は日本にも及んでいる。「この『失われた20年』の原因は様々指摘されているが、経済失政が続いたことは事実である。バブル崩壊後、すぐに政府は財政拡張を、日銀は金融緩和をすべきだった」「日本経済の惨状もまたエリート層の失敗によるものだった」

日米独の、リベラルなつもりの愚か者たちは、意図せずして最悪の帰結を招き寄せようとしている。

（初出：『週刊文春』2016.06.23）

経済政策は「成長」を目指す

経済政策の目的として掲げられるべきは高度経済成長などではない。先進国のリーダーで、本気で五パーセント以上のGDPの成長を標榜している者はおそらくいないであろう。しかし脱成長論や無成長宿命論、あるいはデフレ容認論には一理もない。

「失われた二〇年」の惨害は教えてくれる。長期にわたるデフレやゼロ近辺の低成長は雇用を破壊し、格差を拡大し、生活苦による自殺者数を急増させた。財政赤字が急激に増大したのもこの二〇年のことである。岩井克人氏の名言、インフレはすべてが善ではないが「デフレはすべて悪である」を想起させる。

無成長は社会をも分断する。

「経済成長の時代には、人々は豊かさや満足度を他人ではなく過去の自分と比べることで幸福な気持ちになれる。ところが、成長が停滞し所得が伸びなくなると他人と比較するようになる。そうなると利他主義が後退し、寛容な社会ではなくなってしまう」（「『格差』が生む利己主義／大機小機」日本経済新聞、二〇一八年八月三〇日付け朝刊）

不寛容や排他主義が蔓延したのもこの時期だ。国民民主党の一部がなお主張している無成長を前提とした、つまり無成長を放置する全体論的《オール・フォー・オール》愚策は、社会的分断を促進するだけに終わり、決して連帯感を醸成することはないだろう。

政策に求めるべきは年率三パーセントの名目成長率（実質成長率＋インフレ率）である。これを定常的経済成長と呼ぼう。仮に実質成長率が一パーセントしかなくとも、インフレ率が二パーセントならばこの数値には達する。二パーセントの緩やかな物価上昇が三三年続けば、それだけで国債の実質価格は半減する。

また、年に一〜二パーセント程度の実質ＧＤＰの成長でも所得税や法人税の税収は伸びるし、景気対策のための歳出を抑えられるから、財政が目にみえて好転することは間違いない。これは二〇〇三年〜〇七年のデータで実証されている。

だが物事には順序がある。デフレ脱却と財政健全化の同時達成は不可能だと、世界有数の投資銀行や格付け会社でストラテジストとして活躍し、マクロ経済政策にも精通したエコノミストのポール・シェアードは断言する。

「日本の財政の窮状はデフレによる税収減にも一端がある。デフレとの闘いと財政健全化を同時に追求するのは誤りであり、逆効果だ」(「黒田緩和修正 私の診断/政府との協調こそ本筋」日本経済新聞、同年八月二九日付け朝刊)

目下優先すべきはデフレ脱却を確実なものにすることであり、そのために必須なのは日本銀行と政府の連携だ。

「20年に及ぶ日銀の苦闘から得られる教訓は、金融政策だけでは不十分で、財政政策と一体で機能すべきだということ。/中央銀行が最大限の努力をする際、財政は拡張的な姿勢を保ち金融政策を支援すべきだが、実際はブレーキを踏んできた。人々が政府・日銀の能力と意思を疑えば、インフレ目標は実現しない」「日銀は消費者物価の上昇率の実績が安定的に2%目標を超えるまで資金供給量の拡大を続ける方針を示す。政府は次の消費増税の時期を、この条件に結びつけると表明すべきだ。経済の不安要素を取り除くほか、政

府・日銀の協調姿勢への信認が高まりひいては金融政策の有効性も増す」（前掲）

この点でいえば、安倍晋三首相はデフレ脱却が至上命令だというのに、来年一〇月に消費増税を実施すると明言し、一四年四月の轍を踏もうとしていることになる。

片や、自由民主党総裁選の対抗馬である石破茂氏も消費増税を強く主張している。この人物は経済格差の是正も主要政策目標に掲げている。だが同じ口で逆進的な消費税の税率アップを謳うとはどういうことか。何故消費増税ではなく、所得再分配効果の高い累進直接税の強化や株式の売却益、配当に課する税率引上げを訴えないのか。

他方で、いま、筋の通ったマクロ政策を提示している野党は自由党（山本太郎氏）のみである。

（初出：『週刊文春』2018.09.20）

失われた時を求めて《イン サーチ オブ ロスト タイム》

失業が経済の様々な面に深刻なダメージを齎《もたら》すことは周知のところであろう。だが就職難や失業が、長期にわたって容易に取り除き得ない悪影響を及ぼす点はあまり注目されない。

消費増税の先送りや日本銀行による大規模金融緩和が「将来世代に付けを残す」などと騒いでいる連中は、現下の雇用問題が将来に禍根を残すことにほとんど頓着しない。

総務省が二〇一八年一一月六日に発表した調査によると、求職期間が一年間を超える失業者が今年（二〇一八年）の七～九月期には五〇万を割り込み、四八万人となった。日本経済新聞（同年一一月七日付け朝刊）は「人手不足で経験を問わない求人が増えたことが主因で、ピークの10年7～9月期の4割弱まで減った。長期失業者が仕事に就いて技能を身につければ国全体の生産性向上につながる」との説明を付している。二〇一〇年の同時期には一二八万人もの長期失業者がいたが、そこから六割強減少したのだ。

完全失業者全体のなかでの割合をみても約二九パーセントで、前年同期に比べて八・三ポイント下がった。日経は「日本は経済協力開発機構（OECD）などから『長期失業者の割合が多い』と指摘されてきた。年齢が上がるにつれて転職しにくいなど雇用の流動性の低さが長期失業者を生んでいたためだ。ただ7～9月の割合は3割を割り込み、17年時点のOECD加盟国平均（31%）を下回った」と報じている。

「経験を問わない求人」の増加は、雇用状況の改善が順調に進んでいることを示している。日本では九〇年代半ばに、一五歳から六四歳までの生産年齢人口が約八七一六万人でピークアウトし、その後単調に減少し続けている。人口動態が直接、労働市場に影響を与えるとするならば、「売り手市場」になって然るべき状況であった。然るにこの二〇年間、失業率は日銀の積極策が遅効した〇六年、〇七年を除いて高止まりし、二度の就職氷河期に見舞われた。デフレ放置という政策的不作為が齎した〝人災〟だ。

現下の「売り手市場」にも取り残されてしまった四八万人の内訳をみると、〝人災〟の後遺症が明確に浮かび上がる。

「就職氷河期世代にあたる現在35～44歳の就業にはなお課題がある。この年代でも長期失業者数は減っているものの、なお長期失業者全体の2割超を占める。大学や高校を卒業した際、就職できなかったことが現在まで響いている」「厚労省によると、35～44歳では仕事も求職活動もしていない無業者も17年時点で41万人と高止まりしている。このまま高齢化すれば、年金が少なくなり生活保護を受ける人が増える恐れがある」(前掲)

この世代には、不安定な雇用に甘んじていたり、無業の状態にある人がなお七〇〇万人超もおり、そのうちの一五〇〇万人が将来、生活保護を受ける可能性があるという。この推計については以前詳しく紹介した(『週刊文春』二〇一八年四月二六日号)。

それ以上にこの国とって損失だったのは、この就職氷河期の〝遭難者〟たちが安定した「仕事に就いて技能を身につければ国全体の生産性向上につなが」ったであろうことだ。潜在成長率はその分伸び、個人消費も増加しただろう。

就職氷河期は少子高齢化にも拍車を掛けている。

「この『失われた世代』は団塊世代の子ども、すなわち『団塊ジュニア世代』に当たる。数が多いだけに人口減少に歯止めをかけることが期待されたのだが、出生数の増加はみられなかった。結婚・出産に至っていない人も多いからである」(「『人づくり』の後に／大機小機」日本経済新聞、二〇一八年一月三一日付け朝刊)

安定した職や人並の賃金に恵まれていないため、結婚も出産も儘《まま》ならないのだ。大企業のトップには、今更「三〇代後半から四〇代前半の層が薄い」と嘆じる向きもある。後の祭だ。

これでよく「失われた二〇年」は失われていない、などと嘯《うそぶ》けるものである。

(初出：『週刊文春』2018.12.13)

セントラルバンカー愚行録

前回(『週刊文春』二〇一九年一月三一日号)、経済学者の松尾匡氏らが嚮導《きょうどう》する経済政策リベラル化プロジェクト、「薔薇マークキャンペーン」を紹介したが、読者より、認証のガイドラインとなっている政策集に金融政策が入っていないのではないか、との問い合わせがあった。

この運動はイギリス労働党党首のジェレミー・コービンの提唱した「人民のための量的緩和（quantitative easing for people）」を支持しているので、もちろん積極的金融政策を重視する立場だ。

指標の政策に、財政拡大の財源として「国債を発行してなるべく低コストで資金調達することと矛盾する政策方針を掲げない」ことが盛り込まれているが、これが金融政策を含意するものと思われる。また「モデルマニフェスト」には、日本銀行法を改正して「その政策目標に『完全雇用』を加える」とある。

この日銀法改正案は、アメリカのFRB（連邦準備制度理事会）が「物価の安定」と「最大限の雇用」を法的使命《デュアル・マンデート》とするのに倣《なら》ったものだ。中央銀行の金融政策が物価のみならず、雇用状況にも影響を及ぼし得ることは大前提なのだ。

「マニフェスト」が法律の改正まで掲げるのは、もっとアクティヴに、プリエンプティヴ（先制的）にオペレーションを展開するよう日銀に義務づけるためである。従来の日銀は、少なくとも黒田東彦総裁以前の日銀は、ひたすら受け身の対応に終始し、景気や雇用に関して碌《ろく》に機能してこなかった。

去る一月二九日に、二〇〇八年後半期の金融政策決定会合議事録が公開された。この年の九月一五日にリーマン・ブラザーズが破綻し、これに端を発する世界的な金融危機、急激な需要縮小の大波が日本にも押し寄せてくることが予想されていた。然るに同月一六日、一七日に開かれた、実にタイムリーな決定会合では、政策委員の大勢が「大幅な景気後退の可能性は低い」というまったく状況を見誤った意見に流され、何の手も打たれなかった。

リーマンショックの影響が国内に波及し、景気悪化が顕著となりつつあった一〇月上旬に至っても日銀は動かない。一〇月七日の会合で、当時の日銀総裁、白川方明は「(日本は)設備・雇用面で過剰を抱えているわけではないため、大きく落ち込む可能性は小さい」などと嘯《うそぶ》き、他の政策委員もこれに同調して、政策金利の引き下げを見送った。だが、この決定を嘲笑うかのように翌日、米欧の中銀六行が協調利下げを実施する。日銀の愚かな総裁は「金融システムの安定」に目が曇り、現下の急激な景気後退、需要縮小がどれほど深刻なものか、まったく見通せなかったのである。

その後も日銀は後手に回り、約七年七カ月ぶりの利下げに際しても、〇・五パーセントの政策金利の引き下げを〇・三パーセントで留めるか、それとも〇・二五パーセントまで下げるかといった大局を見失った徒論、妄議を重ねただけ。いかにくだらない議論だったか、朝日新聞が具《つぶさ》に報じている。

「(〇・三%に固執する執行部は)わずかな金利の高さにこだわる理由は明確に説明できてい

なかった。山口広秀副総裁が二つの金利の違いに関し、『有意な差があるということについて、実際問題、証明することは難しい』と苦しい言い方をする場面もあった」(二〇一九年一月三〇日付け朝刊)

そうこうしているうちにFRBが連続利下げを実施し、剰《あまつさ》え量的緩和に踏み切った。同年(二〇〇八年)一〇月二八日、株価は一時七〇〇〇円を割り込み、一二月一八日、円相場は対ドルで八七円台まで急伸した。

〇八年度のGDP成長率は実質でマイナス三・四パーセント、名目でマイナス四・〇パーセントまで落ち込み、〇九年度も実質でマイナス二・二パーセント、名目でマイナス三・四パーセントと続落した。

完全失業率は、〇七年に三パーセント台後半だったのが急激に上昇し、〇九年七月には五・五パーセントを記録した。「経済・生活問題」を原因とする自殺者数は〇九年、八三七七人にも上った。どちらも近年におけるピークである。

この日銀の愚行には、誹《そし》りより沈黙が相応しい。

(初出:『週刊文春』2019.02.14)

平成の30冊

朝日新聞が「識者120人が選んだ平成の30冊」というアンケートを実施した。「平成時代に刊行された本の中からベスト30を選出しよう」という趣向だ。「識者」に五点選ばせて集計しランキングする。二〇一九年三月七日付けの朝刊にその結果が発表された。私が驚愕したのは、白川方明『中央銀行』（東洋経済新報社、平成三〇年）が一七位に着けていることだった。あの藉口《しゃこう》と論過の列叙が、平成を代表するに相応しい経済書だというのだ。

確かに「失われた二〇年」の正体を自ら暴露した奇書といえなくもない。だが、これを挙げた経済系「識者」にそんな皮肉な知性は期待できまい。

私に平成刊の本邦の経済書から一冊選ばせるなら、迷いなく岩井克人『経済学の宇宙』（日本経済新聞出版社、平成二七年）を推す。岩井氏のパーソナル・ヒストリーと、留学先アメリカの経済学の進程がポリフォニックに描き出される。さらに「言語・法・貨幣」の構造的同一性というホモフォニックな重層性において、経済学を捉え直そうとする壮大な構想が示される。まさに時代性と普遍性が交差する珠玉の読み物といえよう。

ちなみに岩井氏は、同書で負債《デット》デフレーションの「悪の連鎖」性を解説し、その顕著な例として「九〇年のバブル崩壊から始まった日本の平成大不況」を挙げている。「デフレはすべて悪であるが、インフレはすべて善ではない」（「経済教室／デフレの本質（上）」日本経済新聞、二〇一三年三月一四日付け朝刊）との認識がここでも確認できる。

そして『経済学の宇宙』では、トマ・ピケティの実証を踏まえて、格差の拡大を防ぐには「景気の底上げによって雇用の質を高め」、かつ「社会保障制度の再分配機能を強化していく」べきだとの政策論が導かれている。「デフレが日本経済の最大の問題」というのはナラティヴ（お話）に過ぎず、デフレ脱却は誤った課題設定《アジェンダ》だったと放言する前日本銀行総裁との識見の落差は歴然だ（朝日新聞、二〇一八年一一月三日付け朝刊）。前総裁の、リーマンショック時の失計はすでに論じた（前節「セントラルバンカー愚行録」参照）。

さて、私も朝日のアンケートに答えた。どうせ五点のうち一つも三〇位には入らぬだろうと思いつつ選出した。案に違わぬ結果となったので、ここに私の「平成の五冊」を公開する。朝日の要請に従い一応評価順としているが、各々のあいだにほとんど差はない。

1　永井均『〈子ども〉のための哲学』（講談社現代新書、平成八年）
2　松本史朗『縁起と空　如来蔵思想批判』（大蔵出版、平成元年）
3　辺見庸『眼の探索』（朝日新聞社／角川文庫、平成一〇年／一三年）

4　高村薫『太陽を曳く馬』（新潮社、平成二一年）

5　國分功一郎『中動態の世界　意志と責任の考古学』（医学書院、平成二九年）

短評も付しておこう。

（1）何物にも依拠せず、何者とも照応できず、何の属性も持たない「この私」という一点がある。この独在性をめぐる議論を軸として、「哲学」なる思惟の形式に転換を迫った特異点的一冊。

（2）近代仏教思想の背景を成す「実体観念」を剔抉《てっけつ》し、徹底的に批判した革命の書。私見ながら、その射程は遠く明治期、井上哲次郎によって提唱された「現象即実在論」にまで及ぶと思われる。即ち近代の仏教的哲学すべてに突き付けられた破邪の論鋒だ。

（3）時事論を独自の文学にまで高めた作品群。この文体と措辞の強度はどうだ。元は新聞連載だったという素性に驚く。

（4）オウム真理教を真っ芯で捉えた稀有の小説。『カラマーゾフの兄弟』の作中作「大審問官」を想起させる僧たちの教理問答が圧巻だ。

（5）文法構造の探究から近代の主体性／帰責性の神話を解体する。その手捌きは、インドの思考伝統に馴染んだ私には、まるでバルトリハリやナーガールジュナのようにみえる。

（初出：『週刊文春』2019.03.21）

以上！

日本におけるポピュリズムの困難と可能性
「アジア」という視座

梶谷懐

かじたに・かい

1970年大阪府生まれ。神戸大学大学院経済学研究科博士後期課程修了。現在、神戸大学大学院経済学研究科教授。専門は現代中国経済論。著書に『中国経済講義　統計の信頼性から成長のゆくえまで』（中公新書）『日本と中国経済　相互交流と衝突の100年』（ちくま新書）『日本と中国、「脱近代」の誘惑　アジア的なものを再考する』（太田出版）『「壁と卵」の現代中国論　リスク社会化する超大国とどう向き合うか』（人文書院）など多数。

はじめに

日本ではなぜか反緊縮的な経済政策が「右派」のものであるというイメージを持っている人が多く、欧米の反緊縮運動とは真逆の「ねじれ」が起こっている、という指摘はよく聞かれるところです。なぜこんな「ねじれ」が起こるのでしょうか？　言い換えると、なぜ日本では欧米のような分配の平等の観点から反緊縮を掲げる左派ポピュリズムの声が伝統的に弱かったのでしょうか？

一つには、保守色の強い安倍政権の経済政策（＝アベノミクス）の影響が挙げられるかもしれません。例えば、本書の松尾匡さんの論考でも言及されているように、アベノミクスは部分的に反緊縮の経済財政政策を取り入れたものです。このため、日本では、反緊縮の経済政策それ自体が「右派」のものであるというイメージが流通してしまっています。ただし、上記のような「ねじれ」は、単に現政権の政策運営にだけ起因するものではなく、もう少し根深いところにその理由があるのではないでしょうか。

私は現代中国経済の研究を専門にしていますが、かねてより松尾匡さんをはじめ反緊縮の動きをリードしてこられた方々の活動に敬意を抱いてきましたし、書かれたものにもできるだけ目を通してきました。ただ、そこで紹介されるのは、多くの場合現代の欧米における反緊縮運動や左派ポピュリズムの動きであり、中国や朝鮮半島など、アジアの国や地域と日本とのかかわりの中で反緊縮運動がどのように位置付けられるのか、という点に関してはほとんど言及がないことに、やや不満を抱いていました。

私は、冒頭のような疑問、すなわちなぜ日本において左派ポピュリズムの基盤が弱いのか、という問題を考える上で、これまでの中国における経済と政治の歩みを理解することがとても重要な補助線の役割を果たす、と考えています。そこで以下では、冒頭の疑問を、日本もそこに含まれる、東アジアに特有な政治経済の問題としてとらえてみたいと思います。

中国経済における緊縮／反緊縮のサイクル

中国における緊縮と反緊縮

といっても、読者の皆さんにとって、現代中国の政治・経済状況は欧米のそれにましてなじみがないものだと思います。そこで以下では、「緊縮と反緊縮」を一つの切り口として、改革開放以降の中国の経済政策の変遷をできるだけわかりやすく解説してみましょう。

社会主義計画経済を掲げていた毛沢東時代はともかくとして、一九七八年の改革開放政策、つまり段階的な市場経済原理の導入以来の中国経済は、明確にいくつかの景気変動の波を経験してきましたし、またそれに対応する政策も明確に緊縮的なものが採られたり、その反対に拡張的な政策が採られたりする、という振り子のような事態が繰り返されてきました。その意味では改革開放以降の中国経済の歩みを、「緊縮と反緊縮」という軸から振り返ることは、決して的外れではない、と考えています。

一方で、発展途上国であり、計画経済からの移行経済でもある中国の緊縮／反緊縮のサイクルは、いくつかの点で先進国のそれとはかなり異なった様子を呈していました。

一つは、欧米のように、特定の層が支持する政党や政治勢力が緊縮的な政策を掲げたり、あるいは反緊縮策を掲げたり、といった、経済政策の選択の背景として明確な政治的対立軸が存在しないことです。確かに、一九九〇年代に緊縮的な制度改革を断行した朱鎔基《しゅようき》のように、特定の政治家の思想が経済政策に強い影響を与えることはありました。しかしその場合でも、緊縮的な政策によって民衆の不安が高まると、いつの間にか方針が修正されて拡張的な財政・金融政策が採られる、しばらくするとまた緊縮的な政策に戻るという、明確なレジームの転換を伴わない政策の変化が繰り返されてきた、というのが実情です。

つまり、同じネオリベラリズム的な効率重視の緊縮策に対抗するといっても、それに苦しめられた「人びと（＝人民）」が、一定の政治勢力を形成してその主張を政策に反映させるのではなく、むしろそれまで自らネオリベラリズム的な政策を進めてきた政権党が、人民の不満をある程度すくい上げる形で、反緊縮的な政策への修正を行う。これが、改革開放以降の中国で繰り返されてきたことだといってよいかと思います。

もう一つの中国の緊縮・反緊縮の対立の特徴は、それが中央集権と地方分権との対立として現れてきたところにあります。それを端的に表す言葉が、「放」と「収」の対立、ということになるかと思います。もともと、広大な国土を抱える中国にとって、中央権力が地方の勢力をどのように統治していくか、ということは、歴代王朝のころから常に大きな課題であり続けてきました。現代中国では、多くの行政・官僚機構が形式的には「中央」の機関でありながら、一方ではその地域の利益を代弁する、という二重の性格をおびるという特徴が見られたのです。

そういった中央－地方関係の「重層性」の下で、ある時は中央のコントロールが強化され（「収」）、ある時は地方への積極的な権限委譲が行われる（「放」）という、一種のサイクルが繰り返されてきました。[※1] やや単純化して言えば、中央集権的な動き（「収」）が、経済政策的には緊縮策に相当し、地方分権的な動き（「放」）が反緊縮策に相当する、と位置付けられるでしょう。

地方財政請負制の下での景気拡大

なかでも、地方分権的な地方財政請負制度の下で地方の投資需要が拡大し、それを地方分権的な金融システムが支えた、一九八〇年代の財政・金融政策の反緊縮的な性格は際立っていました。

この「地方財政請負制」とは、簡単に言うと、地方政府が集めた財政資金の一部を中央政府に上納し、その残りを地方政府が独自に管理し、自由に支出を決定するという仕組みです。中央政府への上納額やその比率などは、地域の経済状況や交渉によって各省ごとに個別に決定されたため、地方政府の財政基盤は大きく拡大しました。こういった地方財政請負制の実施は、各地方政府にとって地元経済の発展のために用いることができる資金を、努力次第で拡大させる余地が生じたことを意味したため、地方の経済的な活力を引き出す上で大きな役割を果たしたのです。この制度の下で地方政府は拡大した財政資金を工業発展のためのインフラ建設や、国有企業などの設備投資につぎ込んだために、全国で投資需要が大いに刺激されました。

同時に、金融面でも地方分権的かつ拡張的な政策が実行されました。地方財政請負制度によって刺激された旺盛な投資需要に対応するために、地方政府は国有銀行の地方支店に圧力をかけて融資を引き出し、国有企業の設備投資や、インフラ建設の資金に当てる、といった現象が頻繁に見られたのです。当時の中国では株式市場が発達しておらず、企業の資金調達はもっぱら銀行からの借入、すなわち間接金融に依拠していました。特に国有企業に対する融資に関しては、国有銀行の各地方における分行（＝支店）は、そういった地元政府の意向には逆らえず、ほぼ自動的に融資を行っていました。そして、そういった国有銀行による融資の拡大は、最終的には中央銀行である中国人民銀行による信用供与によりファイナンスされたのです[※2]。

その結果、一九八〇年代から九〇年代前半にかけて、中国経済は経済の実体的な成長を上回るマネーサプライの伸びと、その帰結としての高いインフレ率を経験することになりました。特に、一九八八年から一九八九年にかけての物価上昇率は年率二〇パーセント近くに達し、第二次天安門事件の背景ともなった社会不安を引き起こしました。このようなこともあって、現在では当時の財政・金融政策について、「地方政府による野放図な投資拡大に対する中央政府のコントロールの欠如」といった否定的なとらえ方をするのが一般的になっています。

しかし、日本を始めとして現在の慢性的なデフレ圧力に悩む先進国の状況から当時の中国経済の状況を振り返ると、積極財政による有効需要の創出、それをサポートする中央銀行による信用供給、結果としての政府債務の貨幣化といった、財政と金融が一体になった反緊縮的な経済政策のセットを、中央政府ではなく地方政府の主導により実現した事例として、非常に興味深いものがあるのではないかと思います。

長続きしない緊縮路線

さて、その後の中国では、行き過ぎた「放」、すなわち地方分権路線への反省から、何度となく中央集権的な制度改革と共に、財政・金融面での緊縮政策が採用されてきました。しかし、結局のところそれは長続きせず、その副作用として生じる失業問題や景気後退の解消のため、すぐに反緊縮的な政策が採用される、といういわゆる「ストップ・アンド・ゴー」的なサイクルが繰り返されてきました。

例えば、一九九四年からは朱鎔基副首相（当時）のイニシアティブにより、財源の規範化と中央政府への税収の集中を意図した分税制が採用されました。それと同時に、それまでインフレの温床となってきた、国有銀行による地方政府に対する直接の貸付が禁止され、中央銀行による信用供与も大きく制限されました。さらに、国有企業の所有制改革が実施されると共に、その従業員の大量リストラが断行され、大きな社会問題となるなど、経済政策は一気に緊縮色を強めることになります。

しかし、江沢民＝朱鎔基のコンビによる緊縮路線は、一九九七年のアジア金融危機後のデフレーションと景気後退によって方向転換を余儀なくされます。具体的には、経済発展の遅れた西部地域に大量の資金を投入してインフラ投資を行う国家プロジェクト「西部大開発」に代表されるように、地方政府が主体になった公共事業によって景気を下支えする方向に舵を切ることになります。

さらに、二〇〇三年ごろから住宅バブルが顕在化、続いて株式市場が過熱化すると、二〇〇七年ごろには不動産貸付への窓口規制を中心とする厳しい金融引き締めが行われました。ただ、この後に生じたリーマンショックによって、輸出産業を中心に経済が後退すると、すぐさま四兆元規模の公共事業を中心とする大規模な刺激策が実施に移されたことは記憶に新しいところです。直近でも、二〇一九年三月に開催された国会に当たる全国人民代表大会（全人代）では、その前年に行われた民間債務の圧縮を目指した「デレバリッジ」と呼ばれる緊縮政策と、米中貿易摩擦による輸出の落ち込みによってもたらされた景気後退を払しょくするため、日本の消費税に当たる付加価値税を一六パーセントから一三パーセントに引き下げるなど、反緊縮的な修正が行われました。

このように、中国では一時的に中央集権的な「収」すなわち緊縮的な政策が行われても、少し景気が後退すると政治的な判断によってすぐにそれがひっくり返されるという状況が続いてきたのです。その制度的な背景として、中央銀行である中国人民銀行が国務院（＝

内閣）の下位にある組織であり、先進国のような独立性を持たないこと、財政政策については全国人民代表大会での審議を受けるものの、基本的に政府の方針がそのまま容認される傾向があることなど、そもそも金融と財政が一体化した政策運営がされやすかったことを指摘しておきたいと思います。

日中における「右派」「左派」のねじれ

では、以上見てきたように経済状況が悪化すると、共産党政権による比較的素早い判断で反緊縮的な政策が採用されてきた中国の状況は、欧米で台頭してきたような「左派ポピュリズム」と同じ範疇でとらえられるのでしょうか。その答えは明らかに「否」でしょう。欧米の左派ポピュリズムが共通して掲げ、また右派ポピュリズムとの違いの最大のメルクマールとなっている、人権や民主といった「普遍的価値」へのコミットメントを、政権党となっている中国共産党は決定的に欠いているからです。

この問題を考える上では、中国の「左派」「右派」の区別が、日本におけるそれとは根本的に異なっていることを理解する必要があります。[※3] 例えば日本で、インターネットなどで極端な愛国主義を掲げる人びとのことを「ネット右翼」といいます。中国でもこういった人びとは以前より「憤青《ふんせい》」と呼ばれて一定の勢力を保っています。ただし、中国では、こういった極端な愛国主義の主張は、政治的には毛沢東の肖像を掲げるような人びと、すなわち「左派」と親和性が高いのです。そして、そういった愛国主義的な人びとを、「ビジネスや国際協調の邪魔」として忌み嫌うのが、政治的にはリベラルな「右派」なのです。

そもそも中国の左派は、国内の政治や国際関係において、「国家利益」やナショナリズムを全面的に肯定しています。この点は、日本でイメージされるいわゆる「左翼」の人びととの主張とは、かなり異なっていると言ってよいかと思います。

次に注目したいのが、腐敗や経済格差といった社会問題についての見解の相違です。現在の中国社会に深刻なレベルの腐敗や富の偏在が起こっている、という認識においては、実は左派も右派もそれほど変わりません。大きく異なるのは、その原因についての認識です。

中国の「右派」すなわち、リベラル寄りの人びとは、市場経済に見合った制度改革が徹底していないこと、なかんずく私的財産権や「憲政（＝立憲主義）」が確立していないことが腐敗や格差の温床になっていると考えます。このため、ビジネスの領域と政治的権力の領域があいまいになり、権力と結びついた特権的な資本家が、不労所得＝レントを独占している。このことが富の分配をゆがめ、不公平を生んでいることを問題視するわけです。

中国における右派と左派

対立軸	左派	右派
国家と個人	個人の利益は国家利益に従属	個人の権利が国家権力に優先
国際関係	ナショナリズムの立場から西側諸国の「覇権主義」を警戒、「売国奴」を批判する	極端なナショナリズムを「愛国奴」として批判し、先進国との協調を図る
経済政策	市場に対する政府の介入を重視し、福祉国家の実現をめざす	市場に対する政府の干渉を批判し、自由な市場競争をめざす
腐敗、経済格差の拡大の原因	市場化改革による資本の自由化が一部の特権階級を生んだ	市場化改革が不徹底なため、既得権益を手放さない者に富が集中

出典:「図解政治:中国的左派VS右派」(日本語版は徐友漁ほか〔2013〕『文化大革命の遺制と闘う　徐友漁と中国のリベラリズム』社会評論社、164−167頁)

今の体制では、政府や共産党へのコネクションがない人たちはいくら頑張っても利益にありつけない。したがって、権力と資本の関係にメスをいれ、政府の介入を減らして公平なルールで競争を行うべきだ、というのがリベラルな右派の人びとの基本的な主張になります。

それに対し、左派は、そもそも社会主義体制を掲げていながら、対外的な圧力に屈して、国有企業の民営化や、「私的財産権の保護」を安直に認めてしまったからこそ、政治的権力と結びついた特権的資本家が誕生した、という見解をとります。だから、この状況を打破するには、例えば企業の国有化をもう一度進め、腐敗した役人や資本家に対する国家の監視や処罰を強化するしかない、というわけです。このような左派の主張は、わかりやすく言えば、「国家」がどんどん前面に出て市場と資本を管理せよ、というもので、「国家の退場」を唱える右派とは方向性がまったく逆になります。この面でも、左派は強固な「愛国主義者」「ナショナリスト」としての顔を持つことになります。

東アジアにおける二つの「民主」の相克

東アジアにおける左派ポピュリズムの不在

ここまで本章を読み進めてきて、勘のいい人なら、中国の「左派」は、むしろ本書の松尾匡さんによる論考で警戒の対象とされている「極右のポピュリズム」に極めて近い主張を掲げていることに気づかれたと思います。それに対し、極端なナショナリズムを批判し、人権や法の支配、立憲主義などの普遍的な価値の擁護と、市場主義的な改革の実施を掲げる「右派」の考えは、やはり松尾さんが批判的に言及している、欧米、さらには日本の「中道リベラル」の主張にそっくりだと言っていいでしょう。

実際、中国においてこれまで普遍的人権にコミットする、リベラルな主張を掲げてきたのは、海外の留学経験を持つ大学教授、やはり海外に多くの人脈を持つ人権派弁護士や

ＮＧＯの活動家、市場主義的改革を支持するメディアのジャーナリストなど、高い水準の教育を受けた、経済的に恵まれた人びとが中心でした。それらの人びとの主張は海外では大きな支持を集めましたが、国内の大衆にはほとんどその存在を知られていません。習近平政権になって、それらのリベラルな知識人に対して、相次ぐ投獄や言論封殺など、文化大革命の時代を思わせるような苛烈な弾圧が加えられていますが、それに対して「普通の人びと」が疑問の声を上げるということもまずありません。

つまり、リベラルな知識人が立憲主義や人権の擁護を掲げて共産党の支配の強化を批判する一方で、ネオリベラリズムに対する批判を今一つ十分に展開できず、市場経済の恩恵を受けられない人びとの不満の方は体制と一体化したポピュリズムに回収される、というのが近年における中国の政治状況だ、といってよいかと思います。さらに、二〇一四年に民主化を求めた学生や市民が中心となって「雨傘運動」を起こした香港についても同じことが言えるかもしれません。つまり、そこに決定的に欠けているのは、欧米的な文脈における左派ポピュリズムの存在なのです。この一点において、中国や香港の状況は、日本がおかれた状況と驚くほど似通っている、と私は考えています。

二つの「民主」概念

さて、このような、普遍的価値と経済的な平等を掲げる左派ポピュリズムの中国での不在、という問題を考える上では、「民主」という言葉が、「政治的権利の平等」と同時に「経済的平等」も意味する、という二重性を常に伴ってきたことに注意を向けることが重要だと思います。端的に言えば、中国社会においては往々にして、「政治的権利の平等」を要求する立場（＝リベラリズム）が、後者の「経済的平等化」を要求する声にかき消されるか、あるいは政権によってあからさまな弾圧が加えられる、という状況が生じてきたのです。

この背景として、「経済的平等化」を求める思想が、「民意」を伝統的な「天下」概念で読み替えることによって得られる、いわば中国独自の「民主」理解によって支えられてきたことも重要だと思います。つまり、中国社会においては、大まかに言って欧米近代思想に起源を持つ、政治的権利の平等と権力の分散化を要求する民主化（以下、「民主I」）への要求と、中国の伝統思想に起源を持つ、経済的平等化とパターナリスティックな独裁権力によるその実現を要求する民主化（同じく「民主II」）への要求が常に存在したのです。

中国だけでなく、日本の政治・経済を考える上でもまずこの二つの「民主」概念を峻別し、両者の間に潜む緊張関係についてきちんと論じることが必要だ、と私は考えています。

中国における二つの民主主義

種類	担い手	要求するもの	権力への姿勢
民主Ⅰ	右派 （リベラリスト）	政治的権利の平等	権力の抑制、 「法の支配」への志向
民主Ⅱ	左派 （ナショナリスト）	経済的平等	強い権力による パターナリズムを志向

出典:筆者作成

まず「民主Ⅰ」について整理をしておきましょう。一九世紀フランスの思想家アレクシ・ド・トクヴィルは、近代以降の民主的な社会の本質を、人びとが古い身分制度から解き放たれて「同じ権利を持つ人間」として扱われる、すなわち政治的権利の「平等化」に求めました。フランス政治思想史が専門の宇野重規さんは、トクヴィルのいう「平等化」を、近代化によって、それまでは「違う種類の人間」と感じられていたものが「同じ人間」の範疇に入ってくるという、人びとの「想像力の変容」を伴うものだった、と説明しています。[※4]それまで政治の決定過程から排除されてきた人びとが「俺たちも政治に参加させろ」と何らかのアクションをとることにより、政府も相手のことを一方的な権力行使の対象ではなく、「同じ人間」とみなして何らかのリアクションをとる、すなわちアカウンタビリティを果たさざるを得なくなるわけです。

一方の「民主Ⅱ」はどうでしょうか。例えば二〇一二年、尖閣問題をめぐる日中間の摩擦が高まる中で、農村出身の出稼ぎ労働者（＝農民工）が中心になって、毛沢東の肖像を掲げて反日デモ・暴動に参加するという光景が見られました。そこには、自分たちが直面する不平等への不満、すなわち経済的平等の実現を求める「民主Ⅱ」への志向が明確に存在したといってよいでしょう。このほかにも、住民の政治参加が制度化されていない中国大陸、特に農村部ではいわゆる「上訪」「信訪」すなわち上級政府への陳情や、「群体性事件」と呼ばれる直接的なデモ行動が、住民が政府への不満を表明する手段として使われてきました。

そこで注意しなければならないのは、このような経済面での「平等化」と、トクヴィルの強調した政治的権利の「平等化」とでは、特に権力との関係において反対方向のベクトルが働く、という点です。というのも、経済面での「平等化」すなわち再分配を行うには大きな国家権力による介入を必要とします。したがって、経済面における「平等化」の要求は、国家権力を制限するのではなく、むしろそれをパターナリズムによって強化させる方に働きがちです。「群体性事件」と呼ばれる直接的なデモ行動や陳情行為が、しばしばより高い政治的地位にある慈悲深い指導者への「お願い」の形をとるのはその象徴です。

「生民」による生存権の要求

以上のようなことを考えると、「民主Ⅱ」の主体として想定されるのは、近代的な市民社会の担い手というより、「生存を天に依拠する民」という意味を持つ「生民」という言葉で表される存在の方がふさわしいように思えます。

中国思想史研究者の故・溝口雄三によれば、このような「生民」たちの生存権が偏りがなく、充足している状態を重視する思想は、「少数者の専制（＝私）」に対して「多数者の利益（＝公、天下）」を対比させ、後者をよきものとみなす思想と結びついて、伝統中国社会に広く息づいてきました。[※5]

さらに、溝口によれば、そのような「生民の生存権（生民権）」の実現を重視する思想は、近代以降の中国社会におけるラジカルな社会変動――中国革命から文化大革命に至る――の原動力ともなってきたといいます。すなわち、「個人の私有財産権というものを原理的に確立するというよりは、それを抑圧する方向に中国の生民権は向かった」「それは貧富を均にするという経済的平等に向かって発展し、この生民権は民生主義という独自の主義をつくりあげた。そしてまた、政治的には、ブルジョア的自由を否定するプロレタリア独裁の公式を根づかせるための伝統的土壌ともなったのである」[※6]というわけです。

中国社会が現在に至るまで「民主化」のあり方として経済的平等化の実現を掲げる「民主Ⅱ」への明らかな偏りが見られ、その結果としてともすれば普遍的な人権、なかんずく自由権の保障はないがしろにされがちであるのも、このような伝統的価値観が現在なお息づいていることを前提として初めて理解できる現象ではないでしょうか。

これに対して、「民主Ⅰ」すなわち普遍的人権を掲げる中国の右派（＝リベラル）は、しばしば市場原理を重視し、経済的平等化を軽視するエスタブリッシュメントと見なされ、大衆的な支持を得られませんでした。このようにして中国社会では「民主Ⅰ」と「民主Ⅱ」が乖離した結果、「人権か、経済か」という誤った選択問題が現れることになります。

日本における左派ポピュリズムの困難と中国

さて、以上述べてきたようなことは現在の日本の状況とも決して無関係ではない、と私は考えています。一つには、後進資本主義国として近代化を国家主導で実現したため、自由権に代表される政治的権利を求める「民主Ⅰ」と、社会権に代表される経済的平等を求める「民主Ⅱ」の主張が対立しやすいという伝統は、日本にも存在するからです。後者の主張が往々にして現政権にからめとられ、むしろ立憲主義の擁護に代表される「民主Ⅰ」を掲げるリベラル派が「人びとの生活」の向上をもたらす反緊縮的な経済政策に冷淡で、大衆から遊離しがちだという現象は、日本においても決して他人事ではありません。

例えば、評論家の浅羽通明さんは、二〇一五年夏の安保法制に反対するデモを支持したリベラル派の知識人は、自分たちの主張が大多数の生活者やビジネスマンの実感とかけ離れていることが理解できておらず、「敗北」すべくして敗北した、と痛烈な批判を行っています。[※7]「普通の人びと」の多くは原発事故や戦争の悲惨さを気にかけながらも、それよりも景気や老後の生活という目の前の現実を何とかしてくれそうな政治家や政党に投票する。そんな簡単なことが、そもそも経済的に恵まれたリベラル派の知識人にはまったく理解できていなかった、というわけです。このように、リベラル派が「普通の人びと」が考えていることから遊離していった結果として、日本社会においても「人権（あるいは「立憲主義」）か、経済か」という誤った選択問題が現れることになったのではないでしょうか。

第二に、日本における右派ポピュリズムの大きな柱として、その感情的な嫌韓・嫌中の主張があることが挙げられます。昨今の外交関係の悪化を背景にした嫌韓感情の高まりについては言うまでもありませんが、人びとの対中感情の方も、米中対立を背景に習近平政権が対日融和的な政策を見せ、安倍政権もそれに対する歩み寄りを見せる、という政治状況の中でも基本的に好転する兆しを見せていません。そういった、日本における右派ポピュリズムを裏側から支えてきた嫌中感情の原イメージとなってきたのが、毛沢東の肖像を掲げてデモに参加するような、すなわち経済的平等を求める「民主Ⅱ」への志向を強く持つ人びとの姿であるというところに、問題の根深さが表れています。

というのも、日本と中国のポピュリズムは、お互いに同じような社会的背景の下に生じながら、「民主I」、すなわち普遍的な価値へのコミットメントを欠くがゆえに、お互いに共感するどころか反目しあう関係にあるからです。私は、日中両国においてネオリベラリズムの浸透によって生活の「質」が下がってしまった人びとの不満を、当のネオリベラリズムにコミットしてきた政権自身がすくい上げるという状況が変わらない限り、両国の人びとが真に和解することはない、と考えています。

第三に、日本の中では左派ポピュリズムのイメージとして、中国で見られるような「生民」の主張が独裁的な権力と結びついた独特のポピュリズム、すなわち毛沢東主義が、かつて一つの強固なモデルとして存在してきたことも、日本の政治状況にゆがみをもたらしてきたように思います。確かに、現在は日本の左派の中でも中国の人権弾圧や文化大革命のような暴力的な大衆運動を肯定することは難しくなっていますし、過去に文革を肯定した知識人は、これまで厳しい批判にさらされてきました。しかし一方で、昨年亡くなったリベラル派の知識人・劉暁波《りゅうぎょうは》のように「普遍的人権」を掲げて体制を批判する人びとに対して、「米国の世界戦略に対して無批判」であるとして冷ややかな目を向ける風潮は、日本の左派系の知識人の中になお存在します。このことは、日本の「左派」が毛沢東主義的なポピュリズムから根本的に決別できていないことの一つの象徴でしょう。他方でこのことは、日本において普遍的な人権を重視した「民主Ⅰ」を追求する、すなわちリベラルな政治的思考を持つ人びとの間で、ポピュリズム全般およびその背景にある「民主Ⅱ」の追求をタブー視し、遠ざけるという傾向も生み出したように思えます。

さて、以上長々と述べてきましたが、なぜ現代中国の政治や経済について理解することが、日本における反緊縮＝左派ポピュリズムの問題を考えることと結びつくのか、なんとなくわかっていただけたでしょうか。すなわち、日本における左派ポピュリズムの基盤の脆弱さを考える上で、このような「民主Ⅰ」と「民主Ⅱ」の分裂に目を向け、その克服の道を探ることは、大きな示唆を与えてくれるはずです。

私は、日本を含む東アジア諸国が「人権か、経済か」という誤った選択問題を回避し、相互協調に支えられた持続的な経済発展を実現するためには、中国や北朝鮮といった権威主義政権がその人権状況を改善するとともに、日本が適切な経済政策の実施を通じて、弱者を包摂する社会を築くことが不可欠であると考えています。そのような「人権も経済も」求めていく道のりの第一歩として、これからの日本における反緊縮の試みに注目し、積極的に支持していきたいと思っています。

※1　梶谷懐・藤井大輔編（二〇一八）『現代中国経済論（第2版）』ミネルヴァ書房
※2　梶谷懐（二〇一一）『現代中国の財政金融システム　グローバル化と中央－地方関係の経済学』名古屋大学出版会
※3　梶谷懐（二〇一五）『日本と中国、「脱近代化」の誘惑　アジア的なものを再考する』太田出版
※4　宇野重規（二〇一〇）『〈私〉時代のデモクラシー』岩波新書
※5　溝口雄三（一九九五）『中国の公と私』研文選書
※6　同前、二二六頁
※7　浅羽通明（二〇一六）『「反戦・脱原発リベラル」はなぜ敗北するのか』ちくま新書

ヨーロッパを救うひとつのニューディール

ヤニス・バルファキス　訳＝朴勝俊、松尾匡

訳者まえがき

この論考は、ヨーロッパの社会民主主義者を中心とした左派系の論客が寄稿するウェブ雑誌「ソーシャル・ヨーロッパ（Social Europe）」に掲載されたもので、著者本人のHPにも収録されています。著者のバルファキス（Yanis Varoufakis）は、二〇一五年のギリシャ総選挙で成立した急進左翼党政権で財務大臣を務め、IMFやEU当局、欧州中銀の三者による債権団「トロイカ」が緊縮政策を押し付けるのに対抗して、大幅な債務再編を求めて戦いました。しかし、冷酷なドイツ政府の壁は厚く、欧州中銀による銀行閉鎖作戦にチプラス首相は降参して、とうとう緊縮策を受け入れることになります。この過程で、債権団に苦々しく思われていたバルファキスは、「（辞任すれば）交渉がまとまりやすくなると首相が判断した」と言って辞任しました。その詳細は回顧録『黒い匣：密室の権力者たちが狂わせる世界の運命　元財相バルファキスが語る「ギリシャの春」鎮圧の深層』（朴勝俊ほか訳、明石書店）に記されています。

現在バルファキスは、イギリスのメディアに頻繁に登場して辛辣にEU当局を批判しています（ただし反EU主義者ではなく、イギリスのEU残留を支持していました）。二〇一六年六月には、テクノクラートの独裁へと進むEUを民主化するための運動、Democracy in Europe Movement 2025（「ヨーロッパに民主主義を」運動2025，略称DiEM25）を立ち上げました。また二〇一八年には米国のバーニー・サンダース氏らとともにプログレッシブ・インターナショナルを立ち上げています。著書に『父が娘に語る美しく、深く、壮大で、とんでもなくわかりやすい経済の話。』（関美和訳、ダイヤモンド社）など。

「コストのことはどうだっていい。国を取り戻したいのだ」。これが、昨年（二〇一六年）六月のブレグジット投票以来英国中で聞かれる誇らしげなメッセージである。そしてそれは、ヨーロッパ大陸でもあちこちで響き渡っている要求である。最近まで、ヨーロッパを「救う」ためのいかなる提案も、その実現可能性への懐疑はさておき、共感を持ってとらえられていた。それが今では、「ヨーロッパがそもそも救うに値するものか」が疑われるようになっている。

ヨーロッパ統合の理想は、ひとつの否定とひとつの反乱とひとつの誤解がないまぜになった力によって、大きな試練を受けている。EUの経済システムは、もともとは二〇〇八年の銀行危機を持続させるために作られたわけでは断じてないはずだが、EUのエリートたちはそれを否定してしまった。その結果、デフレ圧力がヨーロッパ統合というプロジェクトを台無しにしてしまっているのだ。ここから当然予想されるのは、デフレ不況に対する反乱として、ヨーロッパ大陸全土で反EU政党が増殖することである。この反乱に答える上でヨーロッパのエリートたちが、ナショナリズムの潮流は「連邦まがいの代物」で食い止めることができるのだという誤解に囚われていることが、大いに懸念される。

そんなもので反乱を食い止められるはずがない。ユーロ危機の教訓から、EUの権力が一層強化され、自分たちのコミュニティを離れた、自分たちの手の届かないところで物事が決定されてゆくことが、悪夢以外の何物でもないことをヨーロッパの人々はよく理解している。「連邦予算」を小さめにし、黒字も赤字も負債も多少はお互い大目に見よう、という考え方に基づくユーロ圏政治同盟は、共通通貨が生まれた一九九九年には有用だったかもしれない。しかし今や、ユーロという欠陥建築のもたらした巨額の銀行損失と国家債務の重圧のもとでは、（フランスの有力大統領候補エマニュエル・マクロンの提案のような）連邦まがいの代物では、ちっちゃすぎるし遅すぎるのである。そんなものは、ドイツの財務大臣ヴォルフガング・ショイブレがこの何年にもわたって追求してきたような、永続的緊縮同盟に成り下がるのがオチであろう。それで得られる結果は、今日見られる「ナショナリスト・インターナショナル」同様のろくでもないものにちがいない。

端的に言えば、革新側は率直な問いを投げかける必要があるのだ。なぜヨーロッパ統合という考え方が死に瀕しているのか。答えは明白である。それは、非自発的失業と非自発的EU内移民のせいである。

非自発的失業は、緊縮政策のせいでヨーロッパ全土にわたって投資が不十分となったことの代償である。さらには、その結果として起こったデフレ不況時代を通じて、寡占的諸勢力がヨーロッパの貿易黒字国に雇用を集中させたことの代償である。非自発的移民はヨーロッパ周辺部における経済的逼迫《ひっぱく》の代償である。ギリシャやブルガリアやスペインの圧倒的多数の人々は、イギリスやドイツみたいな気候のところにわざわざ移り住みたいわけではない。彼らはやむを得ず移住しているのである。

イギリス人やドイツ人の生活は、国境に電流柵を作って民族国家に引きこもったとしても、守られるわけではない。すべてのヨーロッパ諸国の境遇を真っ当なものにすることによってのみ、改善できるものだ。これこそがまさに、民主的で開かれたヨーロッパという理想を復権させるために必要なものである。ヨーロッパのいずれの国も、別の加盟国が不況に陥っている中で、持続的に繁栄することはできない。ヨーロッパ連邦を構想しようなどと言う以前に、ニューディールを実施すべきである。

この（二〇一七年の）一月に我々のDiEM25運動［訳注1］は、そのようなヨーロッパ・ニューディールの一例を、翌三月のローマ条約［訳注2］の記念日に合わせて打ち出すことを発表した。そのニューディールは、簡単な原則に基づく方針である。すなわち……すべてのヨーロッパ人は、その故国において、生活賃金が得られる職と、真っ当な住居と、質の高い医療と教育、そしてクリーンな環境を享受する権利を保証されるべきである。

米国のフランクリン・デラノ・ローズヴェルトが一九三〇年代に実施した、オリジナルのニューディールと違って、ヨーロッパ・ニューディールは連邦政府を機能させる手段によらず、EUに現在ある諸制度に基づいて実現されなければならない。さもなくば、ヨーロッパの分解が加速し、結局は連邦化への手がかりさえ何も残らなくなるだろう。

ヨーロッパ・ニューディールには、次の五つの明確な目標と、それを達成するための、現行EU条約に適合する手段が含まれていなければならない。それは、ブリュッセルの手に権力を集中させたり、（各国の）主権をさらに喪失させたりするような手段ではない。

・大規模なグリーン投資　このための資金は、ヨーロッパの公共投資銀行（ヨーロッパ投資銀行やＫｆＷ〔訳注3〕など）と、各国中央銀行との連携によってまかなわれる（つまり、中央銀行が投資事業債を買い取る量的緩和を行うのである）。それによって、ヨーロッパの総所得の五パーセントをグリーンエネルギーと持続可能な技術への投資に向ける。

・雇用保証システム　これは、すべてのヨーロッパ人がその故国において、公的セクターや非営利セクターで、生活賃金が得られる仕事に就く機会が得られるようにするものである。これは、そうした仕事を希望するすべての人が利用できるものとする。このシステムの導入の代わりに、公務員を減らしたり、公務員の定年を短くするようなことはしない。既存の給付金をカットするようなこともしない。窮乏か移住かという究極の選択を迫られている人々に、もうひとつの選択肢を与える政策である。

・反貧困基金　これは、ヨーロッパの全加盟国の人々の基礎的ニーズを満たすとともに、将来的には各国が新たな社会保障基金を設立するのに寄与する。

・**普遍的な基礎配当**［訳注4］　これは、資本への報酬が上昇しているのに対して、そのもっと大きな割合を人々のものにするものである。

・**家屋立ち退きに対抗する保護政策**　これは緊急を要する。借家権の形をとる保護政策によって、住宅を抵当にとられた持ち家住民が、地域コミュニティの委員会の決める公正な家賃で、自分の家に住み続けられるようにする。さらに長期的なテーマは、大陸のあちこちで社会的住宅供給政策が解体されてしまっているが、これを復活させることである。ヨーロッパは、すべてのヨーロッパ人に対し、それぞれの故国で真っ当な住居を保証し、その資金を提供しなければならない。

この雇用制度も反貧困プログラムも、古くからある実践の現代版である。すなわち、公共目的のために公共銀行の仕組みを活用するということである。これを、ユーロ圏諸国でも、EUの非ユーロ圏諸国でも、さらには非EU諸国においても、プラグマチックかつラジカルな通貨改革によって資金を提供する契機とする。特に、各国中央銀行の通貨発行益は、全額がこれらの目的のために使われるべきであろう。

それに加えて、（銀行システムを補完する）預金と決済のための公的電子決済機構を、各国に設立する。納税のための口座が、預金の預け入れや引き出し、給付金の受け取り、あるいはウェブバンキングや支払いアプリ、公的に発行されたデビットカードによるやりとりの促進に寄与するだろう。この変化の中で、余剰となった預金は、雇用や反貧困のためのプログラムを支援する基金に貸し付けることができるだろう。これは、低金利で各国政府を通じて融資され、ヨーロッパの預金保証システムで保証され、損失が生じても欧州中央銀行の債券発行で処理される。

このようなヨーロッパ・ニューディールだけが、EUの解体を食い止めることができる。ヨーロッパの国々は、それぞれが、ひとつひとつが安定し、繁栄しなければならない。ヨーロッパは、てんでばらばらでも生き延びることはできないが、緊縮同盟としても生き延びることはできない。緊縮同盟のもとでは、連邦主義という看板の裏で、一部の国が永遠の不況という刑罰を受け、債務者たちは民主的諸権利を否定されることになるのだ。「私たちの国を取り戻す」ためには、私たちはあたりまえの良識を取り戻し、ヨーロッパ全土にわたって良識を復活させる必要がある。

訳注1　まえがきにも記したように、DiEM25はEUの機構を民主化して、テクノクラート独裁の超国家化を阻止するための運動で、二〇一六年にバルファキスらが立ち上げました。他の主要メンバーには、言語学者のノーム・チョムスキーや経済学者のジェームズ・ガルブレイス（ジョン・ケネス・ガルブレイスの息子）、社会運動家のスーザン・ジョージ、哲学者のトニ・ネグリ、映画監督のケン・ローチなどがいます。公式サイトは、https://diem25.org/

訳注2　一九五七年三月にヨーロッパ大陸六カ国によって調印されたヨーロッパ経済共同体などを結成する条約。今日のEUの元を作ったものです。

訳注3　ドイツ復興金融公庫（Kreditanstalt für Wiederaufbau）。ドイツの政策投資銀行

訳注4　A universal basic dividend. バルファキスは、市民全員を資本主義経済の総資本の株主と見立て、ベーシックインカムを、資本主義経済全体の総資本の株主配当として根拠づけています。ビッグイシュー日本のサイトのインタビュー記事で読むことができます。http://bigissue-online.jp/archives/1065299533.html

初出　A New Deal to Save Europe, Social Europe:
https://www.socialeurope.eu/new-deal-save-europe/
Yanis Varoufakis THOUGHTS FOR THE POST-2008 WORLD:
https://www.yanisvaroufakis.eu/2017/02/14/a-new-deal-to-save-europe/

プログレッシブ・インターナショナル

世界中の革新派《プログレッシブ》勢力《フォース》への呼びかけ

訳＝朴勝俊

訳者まえがき

プログレッシブ・インターナショナル（Progressive International）は、ヤニス・バルファキスらのDiEM25と、米国民主党・大統領予備選候補のバーニー・サンダースらのサンダース・インスティテュートが呼びかけた、国際的な連帯の運動です。国際的な極右のネットワークに対抗すべく、反緊縮の「国際的なグリーン・ニューディール」の実現を唱えて、二〇一八年一一月三〇日に立ち上がりました。

バルファキス氏の回顧録『黒い匣』によれば、二〇一五年一月のギリシャ総選挙で急進左派連合政権が誕生し、彼が財務大臣の職に就いた日の夕方に、面識のなかったサンダース氏からお祝いの電話を受けました。以来、ギリシャを窮状から救うために、米国から親身にＩＭＦなどに働きかけを続けてくれたのがサンダース氏でした。ギリシャのチプラス政権が緊縮策を受け容れ、バルファキス氏が財務大臣の職を辞してからも、二人の間に続いた友情と共有された危機感が、この運動に結びついています。

今、労働者たちに対して、自然環境に対して、民主主義に対して、良識に対して、地球規模で攻撃が加えられています。

極右政党のネットワークは国境を越えて広がり、人権をむしばみ、異論を沈黙させ、不寛容さを煽《あお》るために活動しています。一九三〇年代以来、こんなにも人間らしさが存亡の危機に瀕したことはありませんでした。

現状維持の試みでは、このナショナリスト・インターナショナルを打ち負かすことはできません。なぜなら、現状こそが間違っているからです。無制限のグローバリゼーションは平和と繁栄を約束していました。しかし、それがもたらしたものは、たんなる金融危機と無益な戦争、そして破滅的な気候変動でした。

今や、革新派勢力が、グローバルな正義を実現するために、底辺からの運動を形づくるべき時です。民主主義、繁栄、持続可能性、連帯というビジョンを共有し、世界中の労働者の、女性たちの、そして市民権を剝奪《はくだつ》された人たちの、背中を押すべき時なのです。

私たちプログレッシブ・インターナショナルは、先に述べた、共有されたビジョンを形にするために、世界中の組織や団体に手を差し伸べます。

私たちプログレッシブ・インターナショナルは、不平等や搾取《さくしゅ》、差別、環境破壊を終わらせようと戦っている人々を支援します。

私たちプログレッシブ・インターナショナルは、力を合わせて国際的なグリーン・ニューディールを実現させ、共同体、都市、国、地球の再生をはかります。

今や、世界中のプログレッシブが、革新派の勢力が、団結すべき時です。

本日、私たちは、DiEM25とサンダース・インスティテュートを代表して、この呼びかけ文を発表します。尊厳と、平和と、繁栄と、地球の未来のために、一緒に戦う個人や組織のグローバル・ネットワークを作りあげましょう。

プログレッシブ・インターナショナルに、ぜひご参加下さい。

二〇一八年一一月三〇日発表 [訳注1]

DiEM25(ヨーロッパ民主主義運動)

ヤニス・バルファキス（共同設立者）

レナタ・アビラ（運営委員）

サンダース・インスティテュート

ジェーン・サンダース（共同設立者・フェロー）

デーブ・ドリスコル（事務局長）

訳注1　原文には発表の日付は明示されていませんが、公式ＨＰの発表の日付に基づき記しました。

初出　PROGRESSIVE　INTERENATIONAL
A Grassroots movement for Global Justice:
https://www.progressive-international.org/open-call

「反緊縮！」宣言

編　者　松尾 匡

著　者　池田香代子、井上智洋、梶谷 懐、
岸 政彦、西郷南海子、朴 勝俊、
宮崎哲弥、森永卓郎、ヤニス・バルファキス、
プログレッシブ・インターナショナル

発　行　2019年6月15日　第1版第1刷発行

発行者　株式会社 亜紀書房
東京都千代田区神田神保町1-32
TEL　03-5280-0261（代表）
03-5280-0269（編集）
振替　00100-9-144037

装　丁　水戸部 功

印刷・製本　株式会社トライ
http://www.try.sky.com

ISBN978-4-7505-1589-2　C0030
乱丁・落丁本はお取替えいたします。